Apprends à écrire juste **pas** à **pas**

ma **méthode**

d' *orthographe*

dès **7** ans

pour apprendre à écrire juste **pas** à **pas**

Clémentine DELILE
Orthophoniste
Jean DELILE
Enseignant

Illustrée par
Paul BEAUPÈRE

Hatier

www.editions-hatier.fr

Ma méthode d'orthographe pas à pas

Une méthode traditionnelle et efficace
pour acquérir des bases solides en orthographe

• Pas à pas, difficulté après difficulté

Les leçons suivent un ordre progressif adapté à un premier apprentissage de l'orthographe. On commence par apprendre à écrire ce qui est le plus simple et très fréquent : l'écriture des lettres qui correspondent aux sons du français, puis les groupes de lettres plus difficiles, puis les mots et les phrases.

• Sans inventer, sans deviner

L'orthographe des mots ne s'invente pas. Beaucoup sont organisés en familles, avec un mot de base qu'il faut apprendre en premier : *terre* aidera à bien écrire *terrier*, *terrain*, puis *terrasse*, *souterrain*, *méditerranée*, etc. On doit construire sur des fondations solides. Un accord ne se devine pas. Dans les phrases, l'orthographe marque les liens entre les mots, ce qui correspond au sens de ce que l'on veut écrire.

• Écrire et apprendre par cœur

L'orthographe s'apprend en écrivant des mots, des phrases, des textes, car si on lit avec les yeux, on écrit avec la main, que ce soit sur ce livre, sur une feuille de papier ou sur un écran d'ordinateur. Répondre aux exercices en écrivant est la meilleure façon de retenir l'orthographe.

Les conjugaisons doivent s'apprendre par cœur, comme les tables de multiplication, car la mémoire soulage l'intelligence. Quand on écrit, l'important est de réfléchir aux idées que l'on veut exprimer.

Cette méthode permet d'acquérir – ou de reconstruire – des bases solides nécessaires à une orthographe correcte et spontanée.

Conception graphique : Jehanne Marie Husson
Mise en page : Atelier JMH

Plan d'une leçon

Titre de la leçon.

-S : pluriel des noms

une enfant	des enfants
un lapin	des lapins

Si le nom désigne **une seule** personne, **un seul** animal, **une seule** chose, il est au **singulier**.

Si le nom désigne **plusieurs** personnes, **plusieurs** animaux, **plusieurs** choses, il est au **pluriel**. On ajoute un s à la fin.

● Souligne en rouge les noms qui sont au pluriel, puis écris-les.

une veste	des boutons	un vendeur	des perles
le chanteur	la machine	des bruits	les jambes

● Écris ces noms au pluriel.

un garçon	une fille	la table	le papillon
ma dent	sa valise	un tigre	un écran
une planche	une histoire	un arbre	ton mouchoir

● **Dictée muette**. Écris ce qui est dessiné en commençant chaque fois par **un**, **une** ou **des**.

Infos parents

Certains noms se terminent par un **s** (ou par un **x**) au singulier. Au pluriel, leur orthographe ne change pas : *une souris, des souris ; un ours, des ours ; une noix, des noix…*

35

Situation concrète.

Exemples à retenir.

Règle à apprendre.

Observer des différences.

Appliquer la règle de la leçon.

Dictée muette. Écrire juste sans aide.

Pour chaque leçon, des informations utiles pour aider les parents.

L'apprentissage de l'**orthographe** suit et complète la **Méthode de lecture** .

Pour un enfant, écrire sans se tromper les sons qu'il entend est la première performance qu'il doit réussir : c'est plus de 80% de l'orthographe du français. Avec ce livre, il va en plus découvrir les règles de base de la grammaire et la conjugaison des verbes les plus utilisés.

Sommaire

les voyelles a, e, i, o, u

un radis	un bol	la lune
-a-i	-o-	-u-e

● Colorie en jaune les ronds où tu vois une voyelle.

d　u　a　v　i　n　a

l　p　j　o　m　e　u

● Retrouve les voyelles qui manquent. Écris-les à la bonne place.

v..ch..　　c..q　　ch..v..l　　t..rt...e　　g..raf..

p...mm...　　cer..s..　　pr..n..　　..nan..s　　abr..c..t

● Ajoute les voyelles qui ont été enlevées.

a ou u　➤ Le c..nard a perd.. une pl..me.

e ou i　➤ La n..che est vid... Médor est part..

a, o ou i　➤ Le pet..t ch..t a d..rmi sur le l..t.

les accents sur e : é, è, ê

une clé
—é

une pièce
—è—

une pêche
—ê—

● Écris sous les dessins : une étoile, un dé, un trèfle, une bêche, le père.

untrèfleune une un le
bêche étoile dé père

● Copie ces mots dans les bonnes colonnes :

une règle – un numéro – la fête – une écharpe – une fée
une fenêtre – un manège – le cinéma – une bête – les lèvres

é unnuméro è unerègle ê La fête
unécharpe   une fée   unefenêtre
le cinéma   un manège   une bête
            les lèvres

● Complète avec un é ou un ê.

Il est très gros : l'éléphant.

Elle est sur nos épaules : la tête.

On s'assoit dessus : le canapé.

Elle est plantée d'arbres : la forêt.

Elle est sur le toit : la cheminée.

Ce sont les os du poisson : les arêtes.

Infos parents

Bien marquer les accents est important : ils font partie de l'orthographe des mots. C'est donc une exigence à avoir dès le début pour que les enfants prennent l'habitude d'écrire avec précision.

les consonnes S, V, j

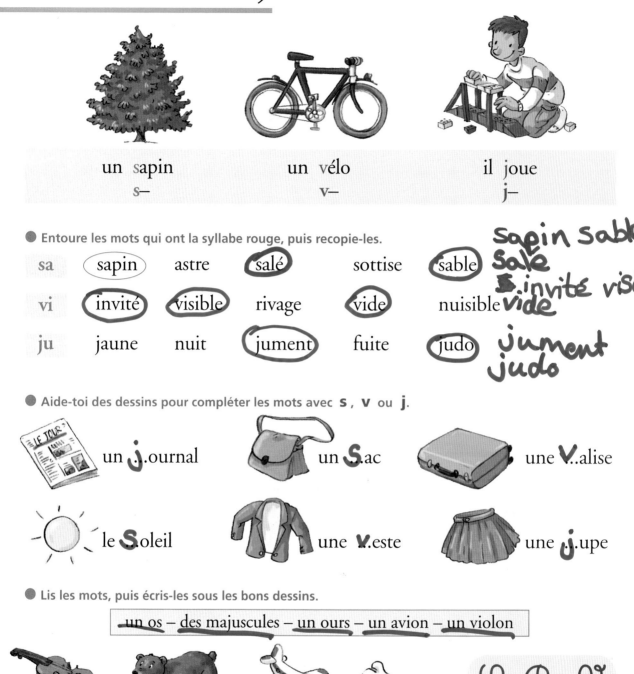

un sapin
s–

un vélo
v–

il joue
j–

● Entoure les mots qui ont la syllabe rouge, puis recopie-les.

sa	sapin	astre	salé	sottise	sable
vi	invité	visible	rivage	vide	nuisible
ju	jaune	nuit	jument	fuite	judo

sapin sable
salé
invité visible
vide
jument
judo

● Aide-toi des dessins pour compléter les mots avec **s**, **v** ou **j**.

un **j**.ournal

un **s**.ac

une **v**..alise

le **s**.oleil

une **v**.este

une **j**.upe

● Lis les mots, puis écris-les sous les bons dessins.

un os – des majuscules – un ours – un avion – un violon

un violon *un ours* *un avion* *un os* *des majuscules*

Infos parents

Quand on les prononce dans des mots, les consonnes **s**, **v** et **j** peuvent se prolonger. Cela permet aux enfants de bien les reconnaître. Dites, par exemple : « *un sssapin, un vvvélo, il jjjoue* ».

les consonnes l, r, f

un loup	un renard	la forêt
l–	r–	f–

● Écris **l**, **r** ou **f** si tu les entends en prononçant les mots qui correspondent aux dessins.

f   L   r   f   f

● Sur chaque ligne, il manque toujours la même lettre. Ajoute-la.

■ un journa.**l**.   un bo.**l**.   du fi.**l**.   un co.**l**.   un ba.**l**..

■ la **f**..orêt   une **f**.enêtre   la **f**..igure   la **f**.umée   le ca**f**.é

▨ une to.**r**.tue   un ca.**r**.table   une po.**r**.te   une ma.**r**.mite   la so.**r**.tie

● **Dictée muette.** Écris sous chaque dessin ce que fait le personnage ou l'animal.

il **rit**   il se lave   il filme

il se lave   il rame

Infos parents

Les sons « l », « r » et « f » s'écrivent le plus souvent avec les lettres l, r et f. Parfois, ces lettres sont doublées comme dans *balle*, *barre* et *griffe*. Le son « f » peut parfois s'écrire ph (voir page 18).

9

les consonnes **m**, **n**

une maison	une niche	un numéro
m–	n–	n-m–

● Dans chaque colonne, entoure le mot qui a la syllabe en couleur.

ma	mo	na	nu	mu
navire	⬭moderne⬭	manger	unité	allumer
⬭matin⬭	tondre	maman	moule	lumière
ampoule	nombre	⬭ménage⬭	⬭menu⬭	⬭mulet⬭

● Écris **m** ou **n** si tu les entends en prononçant les mots qui correspondent aux dessins.

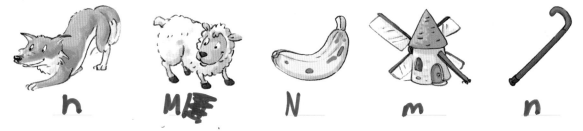

n   M̶F̶   N   m   n

● **Dictée muette**. Que font-ils ? Écris une phrase pour chaque dessin.
Tu peux utiliser les mots : *garçon, bras, marcher, mur, canard, nager, mare…*

Lè garcon marcher
Sur le mur.
Le Mare canard nage dans l'eau.

Infos parents

La difficulté des lettres **m** et **n**, c'est qu'elles se ressemblent. Il faut apprendre à bien observer leur tracé
(1er exercice), puis à reconnaître les sons qu'elles représentent et à les écrire avec soin (2e exercice).

les consonnes p, t, c

une pie	une tasse	du café
p–	t–	c–

● Entoure les mots qui ont la syllabe bleue, puis recopie-les.

pa	banane	dame	panier	balle	page	*Panier*
ti	finir	tiroir	tomate	rôti	mardi	*Page*
co	coton	culotte	copie	gomme	colis	*tiroir*

rôti
coton
copie
colis

● Mets les morceaux dans l'ordre et retrouve un mot pour chaque dessin.

no	pia			ti	tar	ne		ta	lon	pan		fi	tu	con	re

piano   *tartine*   *pantalon*   *confiture*

● Écris ces phrases en complétant avec :

p ou t	➤ La **p**oule a vu une **t**or**t**ue.
t ou c	➤ Victor a **c**assé sa **t**irelire.
p ou c	➤ Il a mis des **p**oires et des **c**arottes dans un **p**etit **c**arton.

Infos parents

Le son « p » s'écrit toujours avec la lettre **p** (ou pp). Le son « t » s'écrit toujours avec la lettre **t** (ou tt). Le son « k » (de *café*, *coton*) peut s'écrire **qu** avant les lettres **e** et **i** (voir page 21) ou **k** (voir page 27).

les consonnes b, d, g

un ballon   une dame   une gare
b–   d–   g–

● Écris **b**, **d** ou **g** si tu les entends en prononçant les mots qui correspondent aux dessins.

b   d   b   g   g

● Entoure le mot qui correspond à chaque dessin, puis écris-le.

| une boule | une pomme | un doigt | un palais | un bond |
| une poule | une gomme | un bois | un balai | un pont |

une boule   *une gomme*   *un doigt*   *un balai*   *un pont*

● **Dictée muette.** Écris le nom de ce qui est dessiné.

corde   *barbe*   *pelle*   *dé*

les consonnes S « z » et Z

sa maison
mon voisin
—s—

Il tond le gazon.
—z—

● Ajoute les deux lettres qui manquent dans chaque mot : **zo**, **zè**, **zi**, **zé** ou **za**.

un **ze**bre   un lé**za**rd   **zo**rro   en **zi**gzag   un **ze**bu

● Écris ou complète ces nombres. Sept d'entre eux ont un **z**.

✓ | 0 | **zéro**
| 1 | **un(e)**
| 3 | **trois**

✓ | 11 | **onze**
✓ | 12 | **douze**
✓ | 13 | trei**ze**

✓ | 14 | quator**ze**
✓ | 15 | quin**ze**
✓ | 16 | sei**ze**

● Écris sous les dessins correspondants :

une valise – une usine – un zeste de citron – un vase – il zappe

un vase   **une usine**   **une valise**   **il zappe**   **un zeste de** ~~siphe~~ **citron**

Infos parents

La lettre **s** est une lettre à (presque) tout faire : elle marque le pluriel (des noms, des adjectifs, des pronoms), elle sert dans la conjugaison (-e**s**, -on**s**, -ai**s**...). C'est parfois une lettre muette (Pari**s**) et elle représente aussi les sons « s » et « z ».

les groupes de lettres ou, oi, on

une louche	une poire	un melon
-ou-	-oi-	-on-

● Écris **ou**, **oi** ou **on** si tu les entends en prononçant les mots qui correspondent aux dessins.

ou   oi   on   oi   ou

● Aide-toi des dessins pour compléter avec la bonne syllabe.

p.**ou**.pée   b.**ou**.ton   dra.**gon**.   m.**ou**.choir   ar.**moi**.re

~~Moer~~ armoire

co.**chon**.   v.**oi**.lier   s.**ou**.ris   ta.**bou**.ret   ar.**doi**.se

● Écris ces phrases en complétant avec :

ou ou **oi**	➤ Il a pris fr**oi**.d : il t**ou**sse beauc**ou**p.
oi ou **on**	➤ Line a bu tout le biber**on** : elle avait s**oi**f !
ou ou **on**	➤ On fait la r**on**.de et on j**ou**e au ball**on**.

Infos parents

Les groupes de lettres **ou** et **oi** ne changent jamais. Par contre, le groupe de lettres **on** peut varier et devenir **om** lorsqu'il est avant l'une des consonnes **m**, **b**, **p** (voir page 31).

les groupes de lettres **in**, **an**, **en**

Le matin, il chante. Il est content.
  –in   –an–   –en

● Écris **in** ou **an** si tu les entends en prononçant les mots qui correspondent aux dessins.

in   an   in   an   an

● Lis ces noms d'animaux, puis écris-les sous les bons dessins.

un pélican – un singe – un serpent – un requin – un sanglier

un singe un requin un serpent un pélican un sanglier

● Écris ces phrases en ajoutant les mots qui manquent.

² ¹	
jardin ou plante	➤ Elle *plante* des salades dans son *jardin*.
² ¹ langue ou menton	➤ Il se gratte le *menton* et lui tire la *langue*.
² ¹ matin ou vendredi	➤ Le train part *vendredi* et arrive samedi *matin*.
¹ ² enfant ou malin	➤ Thomas est un *enfant* très *malin*.

Infos parents

Comme **on**, les groupes de lettres **in**, **an** et **en** peuvent s'écrire avec un **m** avant **m**, **b** ou **p** (voir page 31).
En début de mot, le son « an » correspond souvent au préfixe **en-** : *fermer / enfermer* ; *tasser / entasser*…

les groupes de lettres **ai**, **ei**, **au**

Il neige. Dans la maison, il fait chaud.
-ei-   -ai—   -au

● Écris **ei** ou **au** si tu les entends en prononçant les mots qui correspondent aux dessins.

 ~~ei~~ ei

 au

 ei

 au

 ei

● Les mots à trouver sont dans le cadre bleu. Écris chaque réponse sur la bonne ligne.

> le vinaigre – le lait – la chaise – mauvais – des ailes
> la laisse – à gauche – à peine – mai – une faute

On s'assoit dessus : *la chaise*

C'est le 5ᵉ mois : *Mai*

Il va avec l'huile : *le vinaigre*

Le contraire de bon : *Mauvais*

Il y en a toujours 2 : *des ailes*

C'est un liquide blanc : *le lait*

On la met au chien : *la laisse*

Juste un peu : *a peine*

Pas à droite : *a gauche*

C'est une erreur : *une ~~fote~~ faute*

● **Dictée muette**. Écris le nom de ce qui est dessiné. Il y a toujours **ai** ou **au** dans ces mots.

blai ~~la bai~~ a bai   *fontaine*   *taupe*   *laine*   *autruche*

 balai

les groupes de lettres eu, œu, eau

une fleur
–eu–

un cœur
-œu-

un chapeau
–eau

● Quel métier correspond à chacun de ces verbes ? Il se termine toujours par **eur** ou **euse**.

Il livre. C'est un *livreur*

Il pêche. C'est un *pêcheur*

Il inspecte. C'est un *inspecteur*

Il imprime. C'est un *imprimeur*

Elle vend. C'est une *vendeuse* ~~venteuse vente~~

Elle chante. C'est une *chanteuse*

Elle coiffe. C'est une *coiffeuse euse*

Elle danse. C'est une *danseuse*

● Ces cinq mots s'écrivent avec **œu**. Complète-les.

 un *cœur*

un *bœuf*

 un *nœud*

 sa *sœur*

 un *œuf*

● Dans chaque colonne, complète les mots avec les lettres en couleur.

eau	eur	euse	eux
un cad*eau* un ois*eau*	la coul*eur*	heur*euse*	nuag*eux*
un rid*eau* un cout*eau*	la blanch*eur*	ment*euse*	peur*eux*
un mant*eau* un pot*eau*	la larg*eur*	rêv*euse*	orag*eux*
un drap*eau* un bur*eau*	la grand*eur*	fril*euse*	joy*eux*
un s*eau* d'*eau*	la chal*eur*	curi*euse*	courag*eux*

les groupes de lettres ch, gn, ph

un pêcheur	une baigneuse	un phare
–ch–	–gn–	ph–

● Écris **ch**, **gn** ou **ph** si tu les entends en prononçant le nom de ces animaux.

gn   ch   gn   ph

● Complète les mots par les syllabes qui manquent.

neau ou gneau	➤ L'ag**neau** et la brebis sont près du pan**neau**.
po ou pho	➤ Ce **po**tiron est énorme. Prends-le en **pho**to !
che ou gne	➤ Fais-nous si**gne** quand tu seras sur le **che**min.
cho ou pho	➤ On a commandé du **cho**colat par télé**pho**ne.
gne ou pha	➤ Il si**gne**le le danger par des appels de **pha**res.

● Mets les morceaux dans l'ordre et retrouve un mot pour chaque dessin.

ma	cie	phar		chau	res	ssu		gnée	poi		to	gra	pho	phe

Pharmacie   Chaussures   poignée   photographe

ce, ci et ça, ço, çu

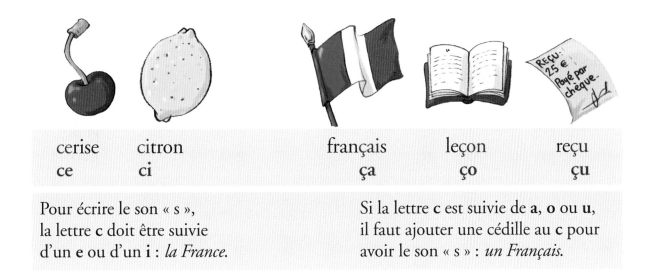

cerise	citron		français	leçon	reçu
ce	**ci**		**ça**	**ço**	**çu**

Pour écrire le son « s », la lettre **c** doit être suivie d'un **e** ou d'un **i** : *la France.*

Si la lettre **c** est suivie de **a**, **o** ou **u**, il faut ajouter une cédille au **c** pour avoir le son « s » : *un Français.*

● Toutes ces syllabes doivent commencer par le son « s ». Où faut-il ajouter une cédille ?

(ci) (cen) (can) (coi) (ceu) (con) (cai)

● Complète en ajoutant **c** ou **ç**. Regarde bien la lettre qui est juste après.

faire des grimaçes   être poli et dire merci

une grande balançoire   la façade de la maison

un tissu provençal   la pharmacie du quartier

la leçon de français   mettre un glaçon dans le verre

● Complète ces mots. Ils se terminent tous par la même syllabe.

un garçon   un ma......   un limaçon   un caleçon   un hame......

Infos parents

Le **ç** joue un rôle important dans la conjugaison des verbes terminés par **-cer** (comme *lancer*). Lorsque la terminaison commence par un **a** ou un **o**, il faut ajouter une cédille pour avoir la bonne prononciation : *nous lançons, il lançait.* Par ailleurs, le **c** suivi de **y** se lit comme le **c** suivi de **i** : *cyprès.*

19

ge, gi et gea, geo

nager	un gilet	je nageais	un plongeoir
ge	**gi**	**gea**	**geo**

Pour écrire le son « j », la lettre **g** doit être suivie d'un **e** ou d'un **i** : *nager*.

Si la lettre **g** est suivie de **a**, **o** ou **u**, il faut ajouter un **e** après le **g** pour avoir le son « j » : *je nageais, un plongeoir.*

● **Complète par ge ou gi.**

un pi**ge**on   une **gi**rafe   une bou**gi**e   un ca**ge**ot   un diri**ge**able

● **Écris les deux mots qui sont de la même famille. Exemple :** *une orange, l'orangeade.*

une orange	la rougeole
rouge	la pataugeoire
manger	un plongeon
plonger	un bougeoir
une bougie	*l'orangeade*
patauger	une mangeoire

rouge, la rougede
manger, une mangeoire
plonge, un plongeon
une bougie, un bougeoir
patauger, la pataugeoire

● **Complète ces verbes par g ou par ge. Regarde bien la lettre qui est juste après.**

Il na**ge**ait souvent à la piscine. Nous na**ge**ons avec lui.

Il bou**ge**ait beaucoup, mais vous, vous ne bou**g**iez pas.

Encoura**ge**ons-le : il a ran**g**é la cave qu'il ne ran**ge**ait jamais.

Maman chan**ge**a le bébé pendant que Papa corri**g**eait mes devoirs.

Infos parents

Pour garder la bonne prononciation « j » quand on conjugue un verbe terminé par **-ger** (comme *nager*), on ajoute un **e** après le **g** : *nous changeons, il changeait*. Par ailleurs, comme le **c**, le **g** suivi de **y** se prononce comme s'il était suivi d'un **i** : *gyrophare*.

20

ca, co, cu et que, qui

une caméra	il recule	une équipe fantastique	
ca	**cu**	**qui**	**que**

Avant les voyelles **a**, **o**, **u**, la lettre **c** représente le son « k » : *caméra, corriger, reculer.*

Avant **e** et **i**, il faut écrire **que** et **qui** pour garder le son « k » : *fantastique, équipe.*

● Complète par **ca**, **co**, **que** ou **qui**.

un œuf à la *co*que   une .....rafe d'eau   un sac en plasti*que*   des abri*co*ts au sirop   une .....che lorraine

● Ajoute les mots qui manquent, puis écris ces phrases.

barque ou **banque** ➤ La *barque*.. est sur le lac. ■ La *banque*.. est fermée.

requin ou **taquin** ➤ Son frère est *taqui*.. . ■ Le *requin*. fait peur.

pratique ou **magique** ➤ La fée a une baguette *magique*.. . ■ C'est*pratique*!

● Complète ces mots. Ils se terminent tous par la même syllabe.

une ra*quet*..   une cas*quet*.   une éti*quet*.   une ban*quet*..   une ma..........

ga, go, gu et gue, gui

un garçon	un dragon	une bague	une guitare
ga	go	gue	gui

Avant les voyelles **a**, **o**, **u**, la lettre **g** représente le son « g » : *garçon, dragon, figure*.

Avant **e** et **i**, il faut ajouter un **u** pour garder le son « g » : *bague, guitare*.

● Colorie les ronds en jaune quand tu vois une syllabe avec le son « g » de *garçon*.

(gan) (gin) (goi) (gou) (ger) (guer) (gon)

(gui) (gea) (geu) (gai) (gur) (guê) (gen)

● Écris les sons « g » qui manquent en complétant par **ga**, **go**, **gu**, **gue** ou **gui**.

une fi*gue* une *go*mme des lé*gu*mes un .....don un ma*ga*sin

● Ajoute **ge** ou **gue** dans ces phrases.

Victor voya..*ge*. avec ses parents. ■ Une grosse va..*gue* m'a fait peur.

Je conju..*gue* les verbes au présent. ■ On man..*ge* souvent des crêpes.

Maman parta..*ge*. le gâteau. ■ Ce chien a une laisse trop lon..*gue*

Infos parents

À la fin de certains mots, la lettre **g** peut être muette : *sang, long*. Le son « g » (de *garçon*) se retrouve alors parfois dans des mots de la même famille : *sanguin, longueur*. Ce sera appris page 29.

les groupes de lettres avec l ou r

| une cloche | une plume | un crapaud | une chèvre |
| cl | pl | cr | vr |

● Écris la syllabe qui manque dans ces mots. Elle contient toujours un **r**.

fro.mage   li*vre*.   *cra*vate   *dra*.peau   *bri*...que

● Ajoute les mots qui manquent, puis écris ces phrases.

tranche ou **branche**	**fruit** ou **bruit**
L'oiseau chante sur la .*branche*... .	La pêche est un *fruit*.... .
Veux-tu une *tranche*... de gâteau ?	Ne fais pas autant de *bruit*.
droite ou **croire**	**cri** ou **gris**
Il ne veut pas .*croire* à son histoire.	Elle a poussé un grand ...*cri*.... .
Au feu, il faut tourner à .*droite* .	Nestor est un petit âne *gris*...... .

● Ajoute les groupes de lettres qui manquent.

cr ou **gr** ➤ J'ai vu un .*gr*.os .*cr*.apaud. ■ Elle *gr*.ignote du su*cr*.e.

br ou **pr** ➤ .*br*.avo, tu as tenu ta .*pr*.omesse. ■ Sa *br*.oche est en or.

fr ou **vr** ➤ Il a mis du poi.*vr*.e sur ses *fr*.ites ■ Il fait *fr*.oid.

gl ou **bl** ➤ J'ai vu une épin.*gl*.e sous le meu.*bl*.e. ■ Elle a *gl*.issé.

bl ou **pl** ➤ Ils sont allés ensem.*bl*.e à la *pl*.age. ■ Mets ton ta.*bl*.ier.

la lettre y « i » et y « ii »

un stylo	un crayon
« i »	« ai-ion »

Dans certains mots, on trouve la lettre **y** à la place d'un **i** : *un stylo (sti-lo).*

Après **a, o, u,** la lettre **y** correspond à **deux i** : *un crayon (crai-ion).*

● Souligne les mots où **y** se prononce comme un seul **i**.

une syllabe, un voyage, un pyjama, aboyer, un mystère, joyeux, un jury,

la gymnastique, un rayonnage, un cygne, un cycliste, la moyenne, un lycée.

● Complète ces mots avec :

ay ou **oy** ➤ une v..oy..elle ■ un bal..ay..eur ■ le nett..oy..age ■ un p..ay..sage

oy ou **uy** ➤ ess..uy..er ■ se n..oy..er ■ app..uy..er ■ un v..oy..ageur ■ le l..uy..er

ay ou **uy** ➤ un t..uy..au ■ des r..ay..ures ■ un ess..uy..age ■ s'enn..uy..er

● Utilise **et** pour relier le mot du cadre vert et le mot du cadre bleu qui vont ensemble.
Exemple : *un balai, balayer.* ➜ *balai et balayer.*

un balai	un emploi	un crayon	joyeux
un envoi	la craie	essayer	appuyer
un essai	la joie	envoyer	*balayer*
un roi	un appui	un employé	royal

un essai et essayer
un envoi et envoyer
un roi et royal
un emploi et un employé
la craie et un crayon
la joie et joyeux
un appui et appuyer

Infos parents

La lettre **y** est difficile à lire et difficile à écrire quand elle équivaut à **deux i**. Souvent, les mots avec **ay, oy, uy** ont dans leur famille un mot qui contient **ai, oi, ui** : *employer, un emploi.* Faire ce rapprochement aide beaucoup.

ion, ien, ian et oin, ein, ain

lion	viande	chien		loin	main	plein
ion	**ian**	**ien**		**oin**	**ain**	**ein**

Quand on prononce **ion**, **ien**, **ian**, la lettre **i** se fait entendre au début et on l'écrit en premier.

Quand on prononce **oin**, **ein**, **ain**, on entend le son « in » et on l'écrit à la fin.

● Complète ces noms de métier. Ils se terminent tous de la même façon.

music.que   électric.que   chirurg.que   informatic.que   pharmac.que

● Observe bien l'ordre des lettres, puis complète ces mots.

ion ou **oin** ➤ être champ.ion. ■ dans un c.oin. ■ faire attent.ion.

ien ou **ein** ➤ comb.ien. ■ un pot de p.ein.ture ■ être c.......ture noire

ian ou **ain** ➤ un étud.......t ■ chanter un refr....... ■ un gr....... de blé

● **Dictée muette**. Écris le nom de ce qui est dessiné. Il y a toujours **ain**, **oin** ou **ion**.

ail, eil, euil et ill, aill, eill, euill, ouill

le travail
le soleil
un écureuil

un papillon
je travaille
une bouteille
une feuille

On écrit **ail, eil, euil**
à la fin d'un mot masculin :
le travail, le soleil, un écureuil.

On écrit **ill, aill, eill, euill, ouill** avec deux l :
– à l'intérieur d'un mot : *un papillon* ;
– à la fin d'un mot féminin ou d'un verbe :
   une bouteille, une feuille, je travaille.

● Écris ces mots sous les dessins correspondants en ajoutant **un** ou **une** :
grenouille, réveil, abeille, fauteuil, éventail.

fauteuil   abeille   éventail   grenouille   réveil

● Ajoute les groupes de lettres qui manquent.

ille ou **ouille** ➤ Jouons aux b..ille...s ! ■ Elle a fait cuire des n..ouilles. ■
Il pleut, on se m..ouille.. ■ J'aime le jeu des sept fam..ille..s.

ail ou **aille** ➤ Il a gagné une méd..aille.. . ■ Va fermer le port..ail.. . ■
Elle trav..aille..... bien. ■ Il porte un chapeau de p..aille.. .

eil ou **eille** ➤ Elle m'a prêté son appar..eil.... photo. ■ Il tend l'or..eille..
pour écouter. ■ J'ai vidé la corb..eil..... à papier.

● Trouve les mots avec **ille** qui peuvent compléter ces phrases.

Ma préférée est la glace à la   vanille   . ■ Ils ont deux enfants :
un garçon et une   fille   . ■ Le jardin est fermé par une _____ .

les lettres k, x, w et ch « k »

  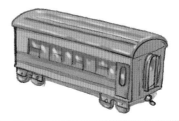

Chloé aime skier.	un taxi	un wagon
ch « k » k	x « ks »	w

● Écris la syllabe qui manque dans ces mots. Elle a toujours un **k**.

un **ke**...pi un **ki**...mono le **ka**raté un **ki**.lo un **ko**...ala

● Complète les mots par **ex** ou par **xe**.

une ...**ex**.plication un hôtel de ~~lu**xe**~~.. *luxe* le pouce et l'ind.**ex**..

un point fi**xe**.. faire des ..**ex**.cuses un match de bo**xe**..

un ..**ex**.amen payer une ta**xe**.. l'intérieur et l'...**ex**.térieur

● Écris chaque mot du cadre bleu à côté de la bonne définition.

> exposer – l'orchestre – l'exemple – le kiwi – mixte – le wagon
> un bifteck – un ticket – le kangourou – le parking

C'est un fruit : *le kiwi* Petit carton pour entrer : *~~un exposer~~*

Il a des roues : *le wagon* Il est composé de musiciens : *l'orchestre*

Montrer : *~~exposer~~ un ticket* Garçons et filles ensemble : *~~l'orchestre~~ mixte*

Il aide à comprendre : *l'exemple* Il a une poche et saute : *le kangourou*

Pour garer sa voiture : *le parking* Morceau de viande : *un bifteck*

Infos parents

Contrairement au **w**, les lettres **w** et **k** sont peu utilisées en français. Le **k**, par exemple, se retrouve dans des mots d'origine grecque comme *kilomètre*, *kilogramme* ou dans des mots empruntés à une langue étrangère, comme *kimono* ou *polka*.

27

bien séparer les mots

J' ai vu l'âne dans l'écurie.
= je ai   = le âne   = la écurie

un ours   un gros ours
     n   z

Avant un mot qui commence par une voyelle (*a, e, i, o, u*), **l'** remplace **le** ou **la**, et **j'** remplace **je**.

Un même mot commence toujours par la même lettre. Si l'on entend un autre son au début, il s'agit d'une liaison.

● Écris ces noms en ajoutant **le**, **la** ou **l'**.

le ou **l'** ➤ .l'. ami .le. livre .l'. olivier .l'. outil .le. cheval .l'. écureuil.

la ou **l'** ➤ .la. page .l'. image .l'. école .la. ville .l'. entrée .l'. usine.

● Copie ces mots en les séparant correctement. Ajoute l'apostrophe quand il la faut.

monours – desenfants – larmoire – desépines – lesoranges – lété
sonaventure – leaufraîche – lespetitsânes – ungrosabricot – lautoroute

● Recopie ces phrases en écrivant **je** ou **j'** à la place de **tu**, **il** ou **elle**.

Elle ouvre les yeux.   Tu attends l'autobus.   Il imite le cri du coq.
Tu fais un dessin.   Il emporte un goûter.   Elle utilise un compas.

● Mets un trait vertical entre chaque mot.

J a i m e l e s p e t i t s a n i m a u x e t l e s g r o s a u s s i .

J é c o u t e l e s o i s e a u x c h a n t e r d a n s l e s a r b r e s .

L a n n é e p r o c h a i n e j i r a i l o i n e n a v i o n .

les lettres muettes

Une tortue est lente.
Un escargot est lent.

une poterie, un potier
un pot

Le féminin d'un mot peut aider
à trouver s'il y a une lettre
qu'on n'entend pas au masculin.

Une lettre muette à la fin d'un mot
s'entend souvent dans un mot
de la même famille.

● Complète par la bonne lettre muette. Aide-toi du féminin.

t, d ou s   ➤ lourd (lourde)   peti.t.   gran.d.   for.t.   ron.d.   ba.s..

            conten.t.   chau.d.   gro.s.   froi.d.   pla.t.   blon.d.

● Retrouve les mots masculins qui sont dans ces mots féminins, puis écris-les.

droite   lente   bavarde   sotte   grise

longue   verte   méchante   épaisse   blanche

haute   grasse   mauvaise   courte   chatte

● Un mot de la même famille va t'aider à trouver la lettre muette qui manque. Écris ces mots.

un chanteur et un chant

sauter et un sau...

un sportif et le spor...

le dentiste et une den...

la loterie et le gros lo...

la bordure et le bor...

le dossier et le do...

retarder et en retar...

Infos parents

Les lettres muettes ne se prononcent pas. Comme on les entend souvent dans des mots de la même famille, une petite phrase aide à les retenir : *Entasser c'est faire un tas. Le sot fait des sottises.* Etc.

29

SS entre deux voyelles

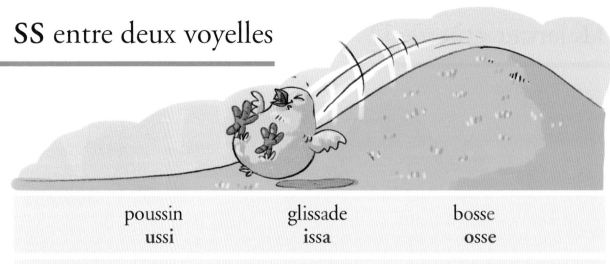

poussin	glissade	bosse
ussi	**issa**	**osse**

Entre **deux voyelles**, le son « s » s'écrit avec **deux s**.

● Souligne la voyelle qui est avant **deux s** et celle qui est après.

un po<u>u</u>ss<u>i</u>n   une b<u>o</u>sse   un d<u>e</u>ss<u>e</u>rt   une poussette

un d<u>e</u>ss<u>i</u>n   la mo<u>u</u>sse   une casserole   une princesse

● Écris sous les dessins correspondants :

un coussin, un poisson, une tasse, une tresse, une brosse.

une tasse   une brosse   un coussin   une tresse   un poisson

● Trouve les mots qui doivent avoir **deux s**. Écris-les.

un chau**ss**on   un our**s**on   un la**ss**o   une chau**ss**ure

la cla**ss**e   une cour**s**e   un pa**ss**age   la mou**s**tache

● Copie ces phrases en ajoutant les **s** qui manquent.

Le cha:...eur est pa....é devant la po....te.

L'arti....te a gli....é sur le ba....in gelé.

Infos parents

Entre deux voyelles, écrire un seul **s** au lieu de **deux s** peut complètement changer le sens du mot qu'on écrit : *poison / poisson* ; *cousin / coussin* ; *désert / dessert*…

m avant m, b, p

emmêlés
mm

un tambour
mb

une trompette
mp

Juste avant les lettres **m**, **b**, **p**, on écrit toujours un **m** à la place d'un **n**.
Exception : *un bonbon*.

● Entoure les mots qui ont un **m** avant **m**, **b**, **p**, puis écris-les.

m				

m
b
p

~~chambre~~   ~~compter~~   ~~important~~   bonjour   vendredi

~~novembre~~   branche   ~~jambe~~   singe   ~~trembler~~   ~~simple~~

● Complète en regardant bien la lettre qui est en gras pour choisir la bonne orthographe.

in ou **im** ➤ .in.capable   .im.possible   .in.juste   .im.poli   .in.visible

en ou **em** ➤ .em.mener   t.em.pête   .en.fermé   .em.porter   .en.tamé

on ou **om** ➤ n.om.bre   rac.on.te   c.om.bien   s.om.bre   c.om.pliqué

● **Dictée muette.** Écris ce qui est dessiné.

Infos parents

Bonbon est facile à retenir parce qu'on écrit : *bon + bon*. Les deux autres exceptions *bonbonnière* et *embonpoint* sont difficiles et peu fréquentes. Il faut commencer par apprendre ce qui est le plus utile.

e avec ou sans accent

une chèvre

| chè | vre |

Il cherche   une adresse.

| cher | che | | adres | se |

On écrit un accent grave sur un **e** qui se prononce « è » quand il est à la fin de la syllabe : *une chè-vre.*

Quand un **e** qui se prononce « è » n'est pas à la fin de la syllabe, il n'a pas d'accent : *cher-che, adres-se* (on coupe en syllabes entre les deux **s**).

● Souligne en rouge les mots qui ont un **é** (accent aigu) et en bleu ceux qui ont un **è** (accent grave).

é   è   léger   méchant   arrière   médecin   école   flèche   crème

● Écris ces mots en attachant les syllabes, puis ajoute les accents graves qui manquent.

la lec-tu-re   la fie-vre   mer-cre-di   des tres-ses   le pe-re
un fre-re   une ves-te   une pie-ce   les le-vres   mer-ci

● Mets les morceaux dans l'ordre, puis écris cinq mots. Ajoute les accents qui manquent.

| ge | pie | | per | as | ge | | quet | te | cas | | re | lie | sa | | es | beau | ca |

piège   asperge   casquette   salière   escabeau

● Complète les mots en ajoutant **e**, **é** ou **è**.

Il g..le : le cheval r..ste à l'é.curie. ■ Le feu est v..rt : les pi..tons peuvent trav...rser. ■ La m...nag...re a enlev... toute la poussi...re. Ma m...re a rang... la soupi...re, les assi...ttes et les cuill...res.

le verbe et le nom

Je les vois : il marche, elle court.

| VERBES | voir | marcher | courir |

un enfant, un chat, une balle

| NOMS | personne | animal | chose |

Le **verbe** est un mot qui sert à dire
ce qui se passe, ce que l'on fait.
Un verbe a toujours un **infinitif** : *il marche.*
Il s'agit de quoi faire ? de marcher.

Le **nom** est un mot qui désigne
une personne, un animal, une chose.
On peut toujours dire **un** ou **une** avant
un nom : *un enfant, un chat, une balle.*

● Souligne de trois couleurs différentes les noms de <u>personnes</u>, d'<u>animaux</u> et de <u>choses</u>.

un arbre	un boucher	une lionne	un vendeur	un cahier
un cheval	une abeille	un pêcheur	une chèvre	un berger
un biscuit	un carton	un magasin	un sportif	un requin

● Trouve les infinitifs de ces verbes.

er ou **ir** ➤ il arrive, elle grandit, nous donnons, je vernis, il miaule.

ir ou **oir** ➤ je pars, il garnit, nous voulons, ils savent, tu rougis.

er ou re ➤ on écrit, tu regardes, vous continuez, je dis, elle sourit.

● Écris le nom et le verbe qui vont ensemble. Exemple : *un rêve et rêver.*

un rêve	un jouet	dessiner	laver
le lavage	un film	garder	signer
un dessin	un garde		*rêver*
	une signature	filmer	jouer

Infos parents

Quelques verbes indiquent non pas une action mais un état, comme *être, paraître, rester, sembler*.
Certains noms désignent une personne ou un lieu précis : ce sont les noms propres. Ils s'écrivent
avec une majuscule : *Paul, Paris*.

-ent : pluriel des verbes

Un chien arrive.	Les oiseaux s'envolent.
VERBE *arriver* au singulier	VERBE *s'envoler* au pluriel

Les verbes se conjuguent et portent des terminaisons.
À la fin d'un verbe, les lettres **-ent** marquent le pluriel.

● Écris chaque phrase du cadre bleu sous le bon dessin.

Ils se penchent. Ils mangent. Elle crie. Elles crient. Il mange.

Il mange   Elles crient   Ils mangent   Ils penchent   Elle crie

● Complète chaque phrase en mettant le verbe au pluriel.

 Des cloches sonn.**ent**.   Deux piétons travers.**ent**.

 Ces poules pond.**ent**.   Les écoliers écriv.**ent**.

● Ajoute **ent** aux verbes qui sont au pluriel et **e** aux verbes qui sont au singulier.

Les fleurs se fan.**ent**. vite. ■ Les avions décoll.**ent**. malgré le vent.

Le dragon lanc.**e**....... des flammes. ■ Les moustiques piqu.**ent**...... .

Les enfants plant**ent**. leur tente. ■ La rivière long.**e**..... le chemin.

Des rochers barr.**ent**... la route. ■ Les moutons cour.**ent**. dans le pré.

Infos parents

Les marques du pluriel ne sont pas les mêmes pour tous les mots : **-ent** pour les verbes, **s** ou **x** pour les noms (voir pages suivantes). Il est nécessaire d'insister sur cette différence au début de l'apprentissage.

-S : pluriel des noms

une enfant	des enfants
un lapin	des lapins

Si le nom désigne **une seule** personne, **un seul** animal, **une seule** chose, il est au **singulier**.

Si le nom désigne **plusieurs** personnes, **plusieurs** animaux, **plusieurs** choses, il est au **pluriel**. On ajoute un **s** à la fin.

● Souligne en rouge les noms qui sont au pluriel, puis écris-les.

une veste   des boutons   un vendeur   des perles
le chanteur   la machine   des bruits   les jambes

● Écris ces noms au pluriel.

un garçon   une fille   la table   le papillon
ma dent   sa valise   un tigre   un écran
une planche   une histoire   un arbre   ton mouchoir

● **Dictée muette**. Écris ce qui est dessiné en commençant chaque fois par **un**, **une** ou **des**.

des chat   une maison   des fluer   un chien   une niche

un moto   des voiture   une livre   des mage   des etoile

le pluriel des noms en **-eau** et **-al**

un oiseau
des oiseaux

un animal
des animaux

Si un nom se termine par **-eau** au singulier, il s'écrit toujours **-eaux** au pluriel : *un oiseau, des oiseaux*.

Si un nom se termine par **-al** au singulier, il s'écrit **-aux** au pluriel : *un animal, des animaux*. Sauf : *des bals, des carnavals, des festivals…*

● Complète les noms par le singulier ou par le pluriel : **eau**, **eaux** ou **aux**.

les hôpit.al.... de Paris

un très joli cad.eau..

des rid.eaux. rouges

l'or et les méta.l...... précieux

les loc.al..... de la police

trois tabl.eau.... de Picasso

● Écris les mots qui manquent en les mettant au pluriel :

un bal, un carnaval, un veau, un chevreau, un agneau.

Il y a des .... en février et des .... le soir du 14 juillet.

Les petits de la vache sont les v.eau...., ceux de la brebis sont

les.................. et ceux de la chèvre sont les chev.reau

● **Dictée muette.** Écris ce qui est dessiné en commençant chaque fois par **un** ou **des**.

le pluriel des noms en -eu et -ou

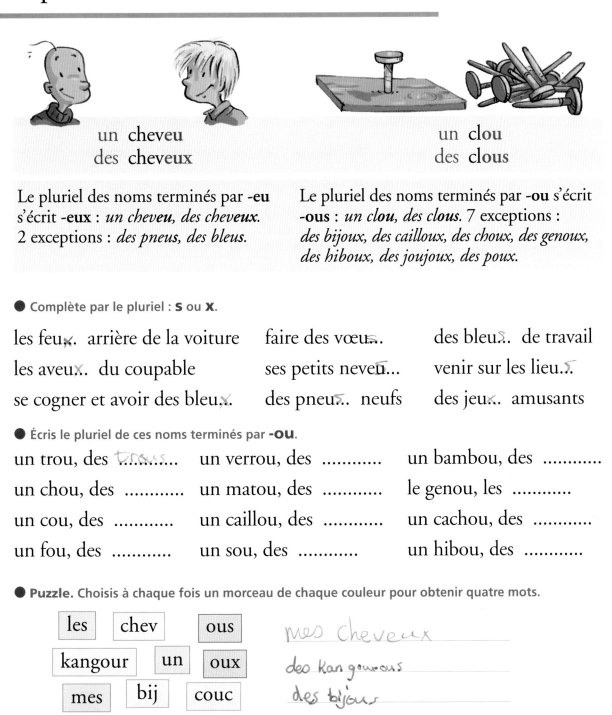

un cheveu
des cheveux

un clou
des clous

Le pluriel des noms terminés par -eu s'écrit -eux : *un cheveu, des cheveux.* 2 exceptions : *des pneus, des bleus.*

Le pluriel des noms terminés par -ou s'écrit -ous : *un clou, des clous.* 7 exceptions : *des bijoux, des cailloux, des choux, des genoux, des hiboux, des joujoux, des poux.*

● Complète par le pluriel : **S** ou **X**.

les feux. arrière de la voiture   faire des vœus.   des bleus. de travail

les aveux. du coupable   ses petits neveu...   venir sur les lieu.s.

se cogner et avoir des bleux.   des pneus.. neufs   des jeux. amusants

● Écris le pluriel de ces noms terminés par **-ou**.

un trou, des trous...   un verrou, des ....   un bambou, des ....

un chou, des ....   un matou, des ....   le genou, les ....

un cou, des ....   un caillou, des ....   un cachou, des ....

un fou, des ....   un sou, des ....   un hibou, des ....

● **Puzzle.** Choisis à chaque fois un morceau de chaque couleur pour obtenir quatre mots.

les	chev	ous
kangour	un	oux
mes	bij	couc
des	ou	eux

mes cheveux
des kangourous
des bijoux

Infos parents

Des noms se terminent par **-oux** au singulier et gardent donc le **x** au pluriel : *un époux, la toux.* Depuis le film « Les Ripoux » (**-oux** à cause de la 2e syllabe), il y a une 8e exception au pluriel des noms en **-ou** !

les personnes de la conjugaison

Je pars.

Tu pars ?

Il part, elle reste.

On reste.

je	tu	il, elle, on

On peut conjuguer un verbe à trois personnes :
– au singulier : **je** (1re personne), **tu** (2e personne), **il**, **elle** ou **on** (3e personne) ;
– au pluriel : **nous** (1re personne), **vous** (2e personne), **ils** ou **elles** (3e personne).
Le nom correspond à la 3e personne : *le garçon part* → ***il** part* ; *la fille reste* → ***elle** reste*.

● Pour chaque phrase, trouve qui dort. Écris-le sur chaque ligne.

Le chien	Ma voisine
Les fillettes	Le bébé
Mes sœurs	Les chats
Sa cousine	Les enfants

Il dort. *Le chien dort.*

Ils dorment. _____

Elle dort. _____

Elles dorment. _____

● Regarde bien ces petits dessins, puis remplace les mots soulignés par **il**, **elle**, **ils** ou **elles**.

 elle   elles   il   ils   ils

Le facteur a apporté des lettres. Maman a pris le courrier. Mon grand-père a arrosé les légumes. Les salades ont poussé, mais les escargots les ont grignotées ! Maman et papa ne sont pas contents.

● Ajoute **je**, **tu**, **on**, **nous** ou **vous** dans les bulles.

je cours vite.   nous chantons.   vous dormez ?   ...... chante.   on vas jouer ?

le présent du verbe avoir

j'	ai
tu	as
il, elle, on	a
nous	avons
vous	avez
ils, elles	ont

● Rattache chaque pronom à la personne du verbe **avoir** qui convient.

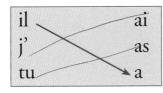 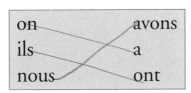 

● Écris le verbe **avoir** au présent.

Il .*a*..... deux chats. ■ Nous *avon* une jolie voiture. ■ Ils .*ont*.. raison.

Elle *a*...... un ordinateur. ■ Tu .*as*... soif ? ■ Vous *avez* une bonne idée.

Elles *ont*... des livres. ■ On .*a*..... des jouets. ■ J' .*ai*.... un grand vélo.

● **Dictée muette**. Écris une phrase avec le verbe **avoir** pour dire ce qu'ils ont.

 ils

Infos parents

Le verbe *avoir* est le verbe le plus utilisé de la langue française. Il sert souvent à conjuguer les autres verbes quand ils sont à un temps composé. Il faut donc l'apprendre en priorité, et par cœur.

le présent du verbe être

Je suis blond.

Nous sommes brunes.

je	suis
tu	es
il, elle, on	est
nous	sommes
vous	êtes
ils, elles	sont

● Écris les personnes de la conjugaison à la bonne place, avant le verbe **être**.

tu	elle	nous
je	vous	ils

.... suis .... es .... est

.... sommes .... êtes .... sont

● Aide-toi des dessins pour compléter avec le verbe **être** au présent.

Il .... drôle. Je .... gai. Elle .... triste. Nous .... vieux.

On ...... debout. Ils ...... lents. Tu .... au lit. Vous .... curieux.

● **Révision : être et avoir.** Complète par le bon verbe au présent.

Tu .... neuf ans. ■ Tu .... le plus âgé. ■ Elle .... une robe neuve.

Ils .... bon cœur. ■ Vous .... en forme. ■ Elles .... dans l'arbre.

Nous .... des raquettes et nous .... en vacances. ■ Je .... calme.

Infos parents

Le verbe *être* est le deuxième verbe français le plus utilisé. Comme *avoir*, il sert aussi d'auxiliaire dans les temps composés. Il faut donc connaître sa conjugaison par cœur.

écrire a ou à

Il **a** une valise.	Il va **à** la gare **à** pied.
avoir une valise	*où ?* **à** la gare *comment ?* **à** pied
Il avait une valise.	*quand ?* **à** neuf heures

Au présent, le verbe *avoir* s'écrit **a** à la 3e personne du singulier : *il a, elle a, on a.*

à (avec un accent grave) est un petit mot comme *de, en, par, pour, sur, vers.* Il sert à relier ce qu'on veut préciser.

● Retrouve l'expression avec **avoir** qui est dans chaque phrase.
Exemple : *Son frère a onze ans.* → *avoir* onze ans. ■ *Il a acheté un vélo.* → *avoir* acheté.

Pierre a un jeu vidéo. ■ L'araignée a huit pattes. ■ Cet élève a l'air sage.
Sa sœur a les yeux bleus. ■ On a joué aux cartes. ■ Notre équipe a gagné.
Mon oncle a un nouveau téléviseur. ■ Ma voisine a une voiture rouge.

● Dans le cadre bleu, trouve la réponse à chaque question. Écris-la sur la bonne ligne.

à la mairie – à son frère – à vélo – à dix heures – à boire – à Lyon

Où allons-nous ? _____   Que voulez-vous ? _____

À qui parles-tu ? _____   Comment y vas-tu ? _____

Où habite-t-il ? _____   À quelle heure ? _____

● Remplace les mots en couleur par **a** ou par **à**.

Il arrivera **vers** midi.   Il **avait** perdu sa balle.   C'est un dé **pour** coudre.
Son chat **avait** dix ans.   Elle vit **dans** Paris.   Je te retrouve **devant** la porte.
Elle **possède** un bateau.   Il **porte** des lunettes.   Il est entré **dans** l'église.

écrire et ou est

une assiette **et** un verre
une assiette **et puis** un verre

Ce chien **est** joueur.
être joueur
Il était joueur.

Le mot **et** sert à relier deux mots ou deux expressions : *une assiette et un verre* (*une assiette + un verre*).

Au présent, le verbe *être* s'écrit **est** à la 3ᵉ personne du singulier : *il est, elle est, on est.*

● Utilise **et** pour relier le mot du cadre vert et le mot du cadre rose qui vont ensemble.
Exemple : *une table, une chaise.* → *une table **et** une chaise.*

une table	un balai		l'été	le vent
le lundi	l'hiver		un pêcheur	une brosse
un chasseur	la pluie		*une chaise*	le mardi

● Remplace les mots en couleur par **et** ou par **est**.

La voiture **reste** au garage. ■ On a mangé une soupe **puis** un dessert. J'ai acheté un cahier **sans oublier** un stylo. ■ La fanfare **marche** devant. Le printemps **semble** arrivé. ■ Le chemin **paraît** long. ■ La salle **était** vide. On a mélangé le sucre **avec** le chocolat. ■ Trois **plus** deux font cinq.

● Écris ces phrases en ajoutant **et** ou **est**.

Le repas ..... servi. La soupière ..... la louche sont sur la table, mais la carafe n'y ..... pas. ■ Il aime regarder la lune ..... les étoiles quand la nuit ..... tombée. ■ Il ..... resté seul. ■ On a repeint les volets ..... la porte. Il ..... tombé de vélo. ■ Le chalet ..... plus grand que sa maison.

Infos parents

Le petit mot *et* est une conjonction de coordination, comme *mais, ou, donc, or, ni, car...* ; *est*, c'est le verbe *être*. Pour vérifier, on peut conjuguer ce dernier avant de l'écrire : *il est parti, il était parti.*

écrire **son** ou **sont**

Il a un vélo. C'est **son** vélo.
son vélo

Les enfants jouent. Ils **sont** heureux.
ils **sont**

On écrit **son** avant un nom
au singulier :
son vélo (un vélo, le sien)

On écrit **sont** quand c'est le verbe *être*,
à la 3ᵉ personne du pluriel :
ils sont heureux (être heureux)

● Remplace **un** ou **une** par **son**.

un jouet   une orange   un chien   un ours

un magasin   un quartier   une idée   une écharpe

● Écris ces phrases au pluriel. Exemple : *Ces jardins **sont** petits.*

Ce jardin est petit.   Ton chat est gris.   La voiture est au garage.

Le singe est curieux.   Le chef est devant.   Le prunier est en fleurs.

● Choisis entre **sa fille** ou **ses filles** pour le début de chaque phrase.

 ou

_____ sont au cirque.   _____ est dans le parc.

_____ est au judo.   _____ sont au marché.

● Écris ces phrases en ajoutant **son** ou **sont**.

Paul a perdu ..... sac.   Ils ..... en vacances.   Il a mis ..... pull.

C'est ..... livre préféré.   Les rues ..... calmes.   J'ai vu ..... père.

écrire **on** ou **ont**

On est en retard !
Il est, **elle** est en retard.

Ils **ont** une coupe.　Ils **ont** gagné.
avoir une coupe　　**avoir** gagné

Le mot **on** est un pronom personnel à la 3ᵉ personne du singulier, comme **il** ou **elle** : *il est, elle est, on est.*

Il faut écrire **ont** quand c'est le verbe *avoir* à la 3ᵉ personne du pluriel : *ils ont, elles ont.*

● Remplace **il** ou **elle** par le pronom **on**. Exemple : *Il est en panne.* → *On est en panne.*

Il est en vacances. ■ Elle protège les animaux. ■ Il aime nager.

Il a changé de voiture. ■ Elle a le temps. ■ Elle a fermé les volets.

Demain, elle lavera les draps. ■ Il achète des fruits. ■ Il fera la cuisine.

● Choisis un nom dans le cadre vert et un dans le cadre rose, puis écris une phrase avec **ont**.
Exemple : *les oiseaux + un bec* → *Les oiseaux ont un bec.*

les oiseaux　les roses tes chaussettes les voitures　ses tennis ces maisons		des lacets un volant　*un bec* un balcon　des épines des trous

● Écris ces phrases en ajoutant **on** ou bien **ont**.

Les coureurs ...... soif. ■ Ses frères ...... travaillé tout l'été.

Ils ...... préféré attendre. ■ Elles ...... choisi de partir.

...... a filmé la fête avec le caméscope que ses parents ...... acheté.

Il faut qu' ...... se brosse les dents quand ...... a mangé.

écrire **OU** ou bien **OÙ**

une orange **ou** une banane l'une **ou bien** l'autre	**Où** vas-tu ? **à quel endroit ?**
Le mot **ou** indique un choix entre deux personnes, deux animaux ou deux choses : *une orange ou bien une banane.*	Le mot **où** (avec un accent grave) exprime une idée de lieu : *Où vas-tu ?* signifie *À quel endroit vas-tu ?*

● **Pour chaque dessin, écris le choix que tu peux faire.**
  Exemple : *un livre, une revue* ➜ *un livre **ou** une revue.*

   un livre _____

   _____

_____

_____

● **Pose des questions qui correspondent aux réponses en couleur. Utilise chaque fois OÙ.**

À la montagne.	➤ _____
Sur la table.	➤ _____
Dans le placard.	➤ _____

● **Complète ces phrases en ajoutant OU ou bien OÙ.**

Il ne sait plus ...... il a mis sa veste. ▪ Préfères-tu le train ...... l'avion ?
Aimerais-tu boire du lait ...... un jus de fruit ? ▪ Dis-moi ...... tu habites.
On ira ...... tu veux. ▪ Les clochettes nous indiquent ...... est le troupeau.
Prête-moi un stylo ...... un crayon. ▪ Achète des fraises ...... des pêches.

Infos parents

L'accent de **où** n'est pas très ancien. On le met seulement depuis le XVIe siècle, pour distinguer **où** et **ou**.
Notons également que **où** peut exprimer l'idée de temps : *le jour où il est arrivé, c'est **quand** il est arrivé.*

45

écrire ce ou se

Ce chien dort.	Ce chat se lave.
un chien	**se laver**
NOM	VERBE

ce exprime l'idée de montrer. Il accompagne toujours un nom masculin singulier : *ce chien, ce petit chien, ce gentil petit chien.*

se est toujours placé avant un verbe : *il **se** lave (verbe **se laver**).*

● Remplace **un** et **le** par le pronom **ce**.

un cheval, le train, un sport, un livre, un journal, le lit, un mouchoir.

● Souligne les verbes conjugués, puis écris leur infinitif.
Exemple : *Le chat se cache sous le lit.* → *Le chat <u>se cache</u> sous le lit. (se cacher)*

Elles se téléphonent le soir.
Marie se tourna vers moi.
Elle se coiffait avec soin.

Les élèves se groupent par trois.
Le malade se sentira mieux.
Cet aliment se conserve bien.

● Voici des verbes par deux. Barre celui qui ne peut pas se conjuguer avec **se**, puis écris l'autre.
Exemple : *lever et pleuvoir.* → *lever ~~et pleuvoir~~ ; se lever.*

neiger et coucher
réveiller et planer

rester et préparer
battre et partir

servir et bavarder
peigner et tricher

● Complète par **ce** ou par **se**.

Les raisins ...... vendangent en septembre. ▪ Regarde ...... joli papillon.

Ils ...... sont enfermés dans leur chambre. ▪ C'est ...... gâteau que je préfère.

Que ...... passe-t-il ? ▪ L'eau et l'huile ne ...... mélangent pas.

Elles ...... préparent à sortir. ▪ Papi ...... trompe souvent de route.

Donne-lui ...... ballon. ▪ J'aime ...... film qui ...... passe en Italie.

écrire cet, cette, ces ou ses

cet insecte	**cette** rose	**ces** fleurs	**ses** fleurs
un insecte	**une** rose	**des** fleurs	les siennes
masculin	féminin	*celles que je montre*	*Elles sont à elle.*

cet, cette et **ces** expriment l'idée de montrer.
cet va avec un nom masculin singulier,
cette va avec un nom féminin singulier,
ces avec un nom au pluriel, masculin ou féminin.

On écrit **ses** avant un nom au pluriel pour exprimer l'idée que l'on possède quelque chose : *ses fleurs* (à elle).

● Remplace le mot souligné par **cet** ou **cette**.

masculin ➤ <u>un</u> animal, <u>un</u> escargot, <u>un</u> ours, <u>l'</u>hiver, <u>un</u> arbre, <u>un</u> homme.

féminin ➤ <u>une</u> porte, <u>une</u> idée, <u>une</u> femme, <u>la</u> promenade, <u>une</u> tartine.

● Écris ces phrases en mettant les groupes de mots soulignés au singulier.
Exemple : *Il est avec <u>ses amis</u>.* → *Il est avec **son ami**.* ■ *Répare <u>ces autos</u>.* → *Répare **cette auto**.*

ses ⟷ son ou sa

Sarah a fini de lire <u>ses livres</u>.
Elle mène <u>ses enfants</u> à l'école.
Thomas a mal à <u>ses oreilles</u>.
Elle lui a donné <u>ses robes</u>.

ces ⟷ cet ou cette

Regardez <u>ces photos</u> de vacances.
N'ouvre pas la cage de <u>ces oiseaux</u>.
Range <u>ces épingles</u> dans le tiroir.
Ils habitent dans <u>ces immeubles</u>.

● Complète par **ses** ou **ces** sous chaque dessin.

.... poissons .... chaussures .... boucles .... chaussures

Infos parents

Choisir d'écrire **ces** ou **ses** dépend souvent du contexte. Comparez : *J'ai classé **ces** documents* (ceux qui sont sur le bureau) ou bien *J'ai classé **ses** documents* (les siens, ceux du directeur, par exemple).

le masculin et le féminin

le garçon
un enfant

masculin

la fille
une enfant

féminin

Un nom a toujours un genre : le **masculin** ou le **féminin**.
– Il est masculin si on peut le dire avec **un** ou **le** : *un garçon, le garçon.*
– Il est féminin si on peut le dire avec **une** ou **la** : *une fille, la fille.*

Certains noms désignant une personne peuvent être les mêmes au masculin
ou au féminin : *un enfant, une enfant.*

● Écris ces noms en ajoutant **un** ou **le**, ou bien **une** ou **la**.

...... tête ...... main ...... doigt ...... jambe ...... pouce

...... peau ...... ventre ...... cuisse ...... genou ...... bouche

...... bras ...... œil ...... langue ...... épaule ...... menton

● Écris sur chaque ligne un mot masculin et un mot féminin. Ajoute **un** et **une**.

| *banc* coquelicot pantalon | truite *chaise* scie veste |
| potage saumon chalet marteau | rose soupe maison |

Exemple : *meubles* ➜ **un** *banc,* **une** *chaise*

outils ➜ _____   fleurs ➜ _____

vêtements ➜ _____   habitations ➜ _____

plats ➜ _____   poissons ➜ _____

● Souligne les noms qui s'écrivent de la même façon au masculin et au féminin.
Exemple : *danseur (non : un danseur, une danseuse) ;* <u>*élève*</u> *(oui : un élève, une élève).*

cinéaste, nageur, violoniste, dame, malade, guide, ouvrière, pianiste, camarade,

photographe, acrobate, personne, adulte, marchand, écolier, esclave, chanteur.

les noms féminins particuliers

un homme
un acteur

masculin

une femme
une actrice

féminin

Les êtres vivants ont souvent
un nom différent au masculin
et au féminin :
un homme, une femme.

Parfois, seule la fin du nom change :
un acteur, une actrice.
Parfois, le féminin s'écrit en ajoutant un **e**
au masculin : *un ami, une amie.*

● Ajoute **un** ou **une**, puis écris ensemble le nom du mâle et de la femelle.

| porc bouc singe dindon bélier coq cheval taureau canard | jument vache poule truie dinde cane brebis chèvre guenon |

● Complète avec le nom masculin ou le nom féminin qui convient.

le frère et la ....   la .... et le garçon   le .... et la reine

le .... et la mère   mon oncle et ma ....   le papa et la ....

le .... et la nièce   un papi et une ....   le cousin et la ....

● Écris les noms masculins qui correspondent à ces noms féminins.

une princesse, une tigresse, une ânesse : _____

la directrice, la monitrice, l'aviatrice : _____

une infirmière, une caissière, une cuisinière : _____

● Écris les noms féminins qui correspondent à ces noms masculins.

un Parisien, un Lyonnais, un Lillois : _____

un débutant, un client, le président : _____

un coiffeur, un voyageur, un vendeur : _____

Infos parents

On peut souvent apprendre l'orthographe d'un nom masculin en écoutant comment il se prononce
au féminin. Le **s muet** de *Marseillais* ou le **t muet** de *habitant* s'entendent au féminin : *Marseillaise,*
habitante.

l'accord du nom et de l'adjectif

	MASCULIN	→ un conte amusant	des contes amusants
	FÉMININ	→ une histoire amusante	des histoires amusantes
		singulier	pluriel

L'adjectif est un mot qui apporte une précision : *un conte, un conte amusant.*
Il s'accorde toujours avec le nom auquel il se rapporte.
– Si le nom est féminin, on ajoute un **e** à l'adjectif.
– Si le nom est pluriel, on ajoute un **s** à l'adjectif.

● Trouve à quels dessins correspond chaque adjectif du cadre bleu, puis colorie ces dessins.

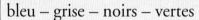
bleu – grise – noirs – vertes

● Choisis le bon adjectif pour compléter chaque nom : blanc, blancs, blanche, blanches.

un portail _____   une voiture _____   des fleurs _____

une porte _____   des vélos _____   un œillet _____

des volets _____   un camion _____   des roses _____

des fenêtres _____   des motos _____   une tulipe _____

● Complète en accordant les adjectifs avec les noms auxquels ils se rapportent.

Elle a une robe vert.... . ■ Les sorciers portent des chapeau.... pointu.... .
Il a des chaussure.... neu....... . ■ Ses enfant.... sont gentil.... et très poli.... .
Où sont les ruban.... jaune.... ? ■ Cette soupe est froid.... et trop épais.... .
La chatte noir.... a eu quatre joli.... petit.... chaton.... noir.... .

l'accord sujet-verbe

Paul **joue** avec ses cubes.

Qui est-ce qui joue ? C'est Paul.
sujet SINGULIER ➡ verbe SINGULIER

Ses sœurs **regardent** un film.

Qui est-ce qui regarde ? Ses sœurs.
sujet PLURIEL ➡ verbe PLURIEL

Le verbe s'accorde toujours avec son sujet. On trouve le sujet en posant la question *qui est-ce qui…* (ou *qu'est-ce qui…* pour les choses).
– Si le sujet est au singulier, le verbe est au singulier.
– Si le sujet est au pluriel, le verbe est au pluriel.

● Écris des phrases en utilisant les sujets de gauche et les verbes de droite.
Exemple : *les chats + courent* ➡ *Les chats courent.*

les chats ses amis ma voisine des gens ton chien	s'approche arrive *courent* se sauvent	_____ _____ _____ _____

● Souligne les sujets, puis complète les verbes en ajoutant **e** ou **ent**.

Le collier se cass...... et toutes les perles tomb...... sur le tapis.

Mes cousins cherch...... des champignons. Jean en trouv...... un gros.

Les enfants lis..... une histoire drôle et ils ri...... de bon cœur.

Les voyageurs attend...... sur le quai, le train entr...... en gare.

● Écris ces phrases au pluriel.
Exemple : *L'oiseau vole au-dessus du toit.* ➡ *Les oiseaux volent au-dessus du toit.*

La poule picore des grains.   Le facteur apporte des lettres.   Le professeur écrit bien.
La tortue avance lentement.   Le pêcheur vend ses poissons.   Le château se voit de loin.

Infos parents

Comme 1 + 1 font 2, deux sujets au singulier entraînent un verbe au pluriel : *Claire regarde un film*, mais *Claire et Anne regardent un film*.

l'accord du participe passé employé avec **être**

Maman est partie au marché.   Les enfants sont restés avec Papa.

sujet **FÉMININ** ➜ participe passé : **+ e**   sujet **PLURIEL** ➜ participe passé : **+ s**

Le participe passé employé avec l'auxiliaire **être** s'accorde en genre et en nombre avec le sujet du verbe.
– On ajoute un **e** au féminin et un **s** au pluriel : *Elle est partie. Ils sont restés.*
– On ajoute **e + s** au féminin pluriel : *Les filles sont restées.*

● Sur chaque ligne, entoure les deux sujets qui peuvent aller avec le participe passé de droite.

Les feuilles ■ Ma sœur ■ La nuit ■ Le vent   …est tombée.

Le voisin ■ Mes amis ■ Sa mère ■ Ses frères   …sont venus.

Les filles ■ Les gens ■ Dix personnes ■ Les chats   …sont entrées.

● Souligne l'auxiliaire **être**, puis complète les phrases avec un participe passé du cadre bleu.

arrivé – arrivée – arrivés – arrivées

Les petits sont _____ à la crêche.   Sa commande était _____ .

L'hiver est _____ tôt cette année.   Tes lettres sont _____ hier.

Ta mamie sera _____ avant toi.   Les pompiers étaient _____ .

● Accorde les participes passés avec les sujets.
Exemple : *Ils sont déjà couché..... .* ➜ *Ils sont déjà couché**s**.*

La carafe est posé..... devant lui.   Elles étaient allé..... se promener.

Ses parents sont rentré..... tard.   La voiture est resté..... au garage.

Ta guitare n'est pas accordé..... .   Ces bottes sont vendu..... en solde.

Le parquet sera verni..... demain.   Ils sont caché..... derrière le canapé.

Infos parents

Comme les *auxiliaires* médicaux aident les médecins à soigner, dans la langue les *auxiliaires* **être** et **avoir** aident à conjuguer les autres verbes. Le participe passé employé avec **être** s'accorde en fait comme s'il était un adjectif, avec « *ce qui est* ».

l'accord du participe passé employé avec avoir

Elle a mangé une pomme.
avoir mangé

Ils ont mangé les pommes.
avoir mangé

Le participe passé employé avec l'auxiliaire **avoir** ne s'accorde jamais avec le sujet du verbe : *Elle a mangé. Ils ont mangé.*

● Souligne l'auxiliaire **avoir**, puis complète le participe passé des verbes.

J'<u>ai</u> écouté. → Elle a écout.... . ■ Nous avons écout.... . ■ Ils ont écout.... .

Il <u>a</u> souri. → Elle a sour.... . ■ Nous avons sour.... . ■ Vous avez sour.... .

Tu <u>as</u> voulu. → Elle a voul.... . ■ Vous avez voul.... . ■ Elles ont voul.... .

● Écris quatre phrases en prenant un groupe de mots dans chaque cadre.

Maman	a préparé	un dessin animé.
Mes copains	avait cassé	le dîner.
Les invités	avaient regardé	une assiette.
Sa femme	ont mangé	de la compote.

● **Dictée muette**. Qu'ont-ils fait ? Écris deux phrases pour chaque dessin en utilisant chaque fois un participe passé. Choisis parmi ces verbes : *jouer, sauter, lire, lancer, bercer, arroser…*
Exemple : *Les garçons ont joué aux quilles.*

Infos parents

Le participe passé employé avec **avoir** s'accorde comme un adjectif, mais à condition d'avoir déjà écrit « *ce qui est* » quand on écrit le participe passé : *Les pommes qu'ils ont mangées sont sucrées (ce sont les pommes qui sont mangées, qui sont sucrées)*. Cela correspond au complément d'objet direct placé avant le verbe, mais c'est beaucoup plus simple à comprendre ainsi.

les mots invariables

Souvent, il va chez sa tante.
INVARIABLE INVARIABLE

Parfois, ils vont chez leur oncle.
INVARIABLE INVARIABLE

Les mots invariables n'ont pas de féminin, ni de pluriel.
Ils s'écrivent toujours de la même façon.

● **Écris ces mots invariables à la bonne place :** devant, sur, dessus, derrière, entre, sous, dans, dessous.

Le chat est ...... la chaise. Il est .... ■ Le chien est ...... la table. Il est
.... ■ Le chat est .... l'arbre. Le chien est .... ■
Le poisson est .... le bocal. La souris est .... le bocal et le verre.

● **Dans ces mots invariables, la dernière syllabe est aussi un mot invariable. Entoure-le.**

au(près) – combien – parfois – depuis – après – pourquoi – jamais – bientôt.

● **Dictée à trous.** **Complète les phrases en choisissant parmi les mots invariables du cadre vert.**

mais *avec* chez comme sous aussi dans encore toujours comment ensuite partout enfin surtout pour autour souvent beaucoup

Marion joue .avec.. ses cousines quand elle va ....
sa tante. Elles vont s'asseoir .... un arbre, ...
elles bavardent. Le soir, il y a .... de la soupe au
dîner. C'est une soupe de légumes, ... sa tante y
met .... du lait. Marion en reprend .... , juste
.... faire plaisir à sa tante qu'elle aime ....

les nombres

ses **quatre** ans	vingt **et** un	quatre-vingts (4 x 20)
les **cinq** doigts	vingt-deux	deux cents (2 x 100)
les **sept** jours	trente-trois	trois cents (3 x 100)
deux **mille** ans	quatre-vingt-six	huit cents (8 x 100)
INVARIABLE	**ET ou TRAIT D'UNION**	**VARIABLE**

Les nombres s'écrivent avec des mots invariables, sauf *quatre-vingts* et *deux cents, trois cents*, etc. qui ont un **s** quand il n'y a pas d'autres nombres après eux.
Les nombres plus petits que 100 sont reliés par **et** ou par un **trait d'union.**

● Écris ce qui est dessiné, avec le nombre en lettres.

● Écris **et** ou mets un **trait d'union** entre ces nombres.

vingt .... un   trente .... six   cinquante .... un

vingt .... quatre   quarante .... huit   soixante .... un

● Écris ces dix nombres du plus petit au plus grand.

trente-deux ■ neuf ■ quatorze ■ zéro ■ soixante et onze ■ dix-huit ■
quarante-cinq ■ cent douze ■ trois mille ■ quatre-vingt-sept.

● Écris en lettres les nombres de ces phrases.

Elle a téléphoné pendant 55 minutes et 20 secondes. ■ Le village compte 31 maisons, 118 habitants, 63 chats et 41 chiens ! ■ 12 200 billets ont été vendus. ■ Il a monté à pied les 12 étages de l'immeuble. ■ Une année bis-sextile a 366 jours, une fois tous les 4 ans.

Infos parents

L'exception de **vingt** et **cent** est bien connue. Il faut ajouter le cas de **million** et **milliard** qui peuvent aussi prendre un **s**. Mais l'essentiel est de savoir d'abord écrire les nombres de base invariables.

les homonymes

un **sot**	un **saut**	un **seau**	un **sceau**
une sottise	sauter	d'eau	c'est scellé

Les homonymes sont des mots qui se prononcent de la même façon, mais qui ont des sens différents et des orthographes différentes.

● Complète par le bon homonyme.

cane ou canne – champ ou chant – court ou cour – maire, mer ou mère

le canard   un pantalon   Ils chantent   le père et   le ....
et la ....   trop ....   un ....   la ....   à la mairie

● Complète par le bon homonyme. Pense à accorder si c'est nécessaire.

conte ou **compte**	➤	Elle raconte un .... à ses enfants. ▪ Le comptable a fini les .... ▪ Elle .... son argent.
pâte ou **patte**	➤	Le pâtissier prépare la .... à tarte. ▪ Les mammifères ont quatre .... ▪ On a mangé des .... à midi.
port ou **porc**	➤	Le .... est dans la porcherie. ▪ Les bateaux sont tous au .... ▪ Mon copain ne mange jamais de ....

● Choisis lequel des deux mots entre parenthèses convient dans la phrase. Barre l'autre.

Je bois du (*lait* ou *laid*) le matin. ▪ Le dentiste ne fait pas mal aux (*dents* ou *dans*).
Mets un (*point* ou *poing*) à la fin de la phrase. ▪ Il y a un (*ver* ou *vert*) dans la poire.
Elle m'a fait un (*cygne* ou *signe*) de la main. ▪ Il a une (*père* ou *paire*) de bottes.

verbe terminé par -é ou par -er

Il **est allé** très vite. Il **a** gagné. Lucie veut gagner la course.
être allé   **avoir** gagné Que veut-elle faire ? gagner

Un verbe terminé par -**é** est un participe passé. Il est conjugué avec l'auxiliaire *être* ou *avoir*.

Un verbe terminé par -**er** est à l'infinitif. On peut le remplacer par un autre infinitif qui se reconnaît à l'oreille, comme *faire*.

● Complète les verbes par **é** ou par **er**.

Elle a écout..... .   Je suis entr...... .   Tu peux dessin...... .

Je veux écout...... .   On va entr...... .   Vous avez dessin...... .

On aime écout...... .   Il était entr...... .   Vous savez dessin...... .

● Choisis entre le participe passé et l'infinitif pour compléter.

lavé ou **laver**	Il faudra .... la voiture. ■ J'ai .... la vaisselle. ■ Mes parents ont .... le chien.
joué ou **jouer**	Anne a .... aux échecs. ■ Alex vient de .... avec son copain. ■ Il ne faut pas .... avec le feu.
couché ou **coucher**	Le bébé était .... dans son berceau. ■ Nous allons nous .... tard. ■ Vous allez .... sous la tente.

● **Dictée à trous**. Complète le texte avec ces mots : était levé, se promener, a décidé, est arrivé, photographier, s'étaient approchés.

Quand Thomas .... près du lac, le soleil .... depuis une heure déjà. Thomas a choisi de .... un moment, puis il .... de .... les canards qui .... du bord.

Infos parents

Les structures grammaticales « *avoir fait* » (pour le participe passé en -**é**) et « *faire quelque chose* » (pour l'infinitif en -**er**) sont très fréquentes. Leur confusion est à l'origine de nombreuses fautes.

présent du verbe **chanter**

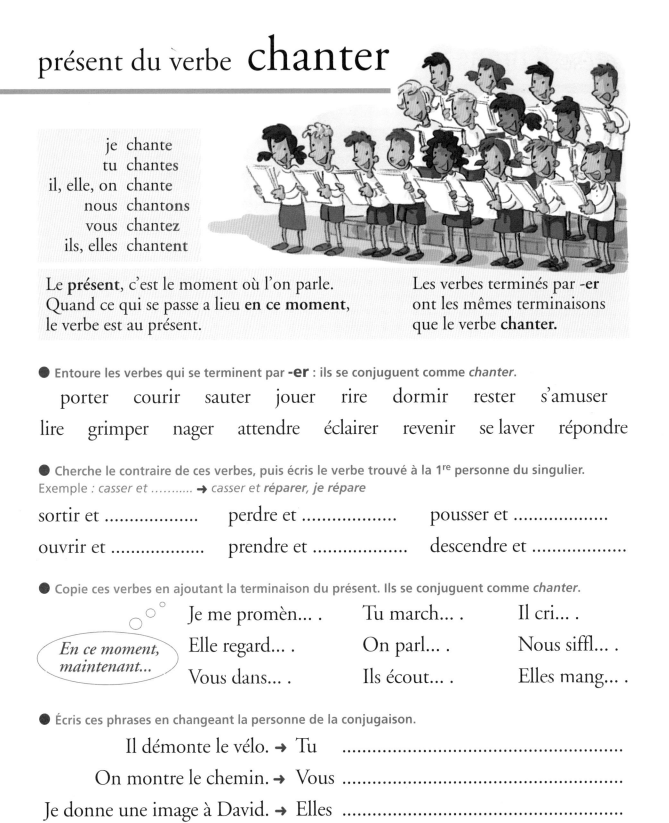

je chante
tu chantes
il, elle, on chante
nous chantons
vous chantez
ils, elles chantent

Le **présent**, c'est le moment où l'on parle. Quand ce qui se passe a lieu **en ce moment**, le verbe est au présent.

Les verbes terminés par **-er** ont les mêmes terminaisons que le verbe **chanter.**

● Entoure les verbes qui se terminent par **-er** : ils se conjuguent comme *chanter.*

porter   courir   sauter   jouer   rire   dormir   rester   s'amuser

lire   grimper   nager   attendre   éclairer   revenir   se laver   répondre

● Cherche le contraire de ces verbes, puis écris le verbe trouvé à la **1re** personne du singulier.
Exemple : *casser et ....* ➜ *casser et **réparer**, je **répare***

sortir et ....   perdre et ....   pousser et ....

ouvrir et ....   prendre et ....   descendre et ....

● Copie ces verbes en ajoutant la terminaison du présent. Ils se conjuguent comme *chanter.*

En ce moment, maintenant...

Je me promèn... .   Tu march... .   Il cri... .

Elle regard... .   On parl... .   Nous siffl... .

Vous dans... .   Ils écout... .   Elles mang... .

● Écris ces phrases en changeant la personne de la conjugaison.

Il démonte le vélo. ➜ Tu ....

On montre le chemin. ➜ Vous ....

Je donne une image à David. ➜ Elles ....

Infos parents

Tous les verbes terminés par **-er** comme *chanter* sont des verbes du 1er groupe, sauf *aller* qui est un verbe irrégulier. Il faudra apprendre sa conjugaison à part (voir page 63).

présent du verbe **finir**

je finis
tu finis
il, elle, on finit
nous finissons
vous finissez
ils, elles finissent

Pour bien écrire un verbe au présent, il faut chercher son infinitif car les terminaisons dépendent de l'infinitif.

Les verbes terminés par **-ir** et qui font entendre **nous** …**issons** ont les mêmes terminaisons que le verbe **finir**.

● Entoure les verbes qui font entendre **-issons** au présent, comme *nous finissons*. Écris-les.

grandir   pouvoir   choisir   tenir   prendre   punir   venir

voir   maigrir   partir   salir   ralentir   sortir   saisir

● Écris ces verbes à la 3ᵉ personne du singulier et à la 3ᵉ personne du pluriel.
Exemple : *je grandis* → *il (elle ou on) grandit ; ils (ou elles) grandissent.*

je grossis   je bondis   je réussis   je rougis   je pâlis

● Ajoute les terminaisons du présent.

J'obéi… .   Tu réagi… .   Il refroidi… .

En ce moment, maintenant…

Elle mûri… .   On verni… .   Nous avert……. .

Vous rempl……. .   Ils bât……. .   Elles fleur……. .

● Écris les verbes entre parenthèses au présent.

Ils (*se réunir*) à dix heures. ▪ On (*blanchir*) le mur. ▪ Vous (*franchir*) la ligne.

Nous (*se munir*) d'un parapluie. ▪ Tu (*établir*) le contact. ▪ Le ciment (*durcir*).

Le malade (*gémir*). ▪ Les feuilles (*jaunir*). ▪ La recherche (*aboutir*).

Infos parents

Les verbes terminés par -ir sont appelés verbes du 2ᵉ groupe quand ils font -issons, -issez, -issent au présent de l'indicatif et -issant au participe présent.

présent du verbe **prendre**

je	prends
tu	prends
il, elle, on	prend
nous	prenons
vous	prenez
ils, elles	prennent

De nombreux verbes se terminent par **-dre** comme le verbe **prendre**. Ils ont les mêmes terminaisons que lui : **-ds, -ds, -d** aux trois personnes du singulier.

● Entoure les verbes qui se terminent comme *prendre*. Écris-les.

coudre   refroidir   apprendre   vendre   garder   tondre   bouder

● Choisis le pronom qui manque avant chaque verbe : *je, elle, nous, vous* ou *ils*.
Exemple : ...... *prends* ➜ *je prends.*

.... entend   .... reprends   .... vendent   .... prenons   .... comprenez

● Copie ces phrases en ajoutant les terminaisons du présent.

En ce moment, maintenant...

La neige fon...... .   Ce chien ne mor...... pas.

Les poules pond...... .   J'enten...... la musique.

Tu ten...... la main.   Vous répond...... juste.

● **Révision**. Choisis la bonne terminaison pour écrire chaque verbe au présent.

infinitif **-er**   ➤ Je chant... juste. ■ Tu march... seul. ■ Il parl... fort.

infinitif **-ir**   ➤ Je fini... un devoir. ■ Tu rougi... souvent. ■ On grandi... vite.

infinitif **-dre** ➤ Je compren... bien. ■ Tu atten... ici. ■ Elle ven... sa maison.

Infos parents

Les verbes qui ne sont pas du 1ᵉʳ et du 2ᵉ groupe (voir pages 58-59) sont dits verbes du 3ᵉ groupe. Parmi eux, les verbes terminés par **-dre**. Certains n'ont pas un **d** au présent, comme *craindre* et *résoudre (je crains, il résout)*, mais les plus utilisés se conjuguent comme *prendre* : ce sont ceux qu'il faut d'abord apprendre.

présent du verbe **faire**

je	fais
tu	fais
il, elle, on	fait
nous	faisons
vous	faites
ils, elles	font

Au présent, à la 1re personne du pluriel, le verbe **faire** s'écrit **ai**, même si l'on prononce « **e** » : *nous faisons*.

La 2e personne du pluriel s'écrit **t-e-s** : *vous faites*.

● Écris le verbe **faire** dans l'ordre de la conjugaison : *je, tu, il (elle, on), nous, vous, ils (elles)*.

Je .... un vœu.   Elle .... une sottise.   Vous .... rire le bébé.

Tu .... des crêpes.   On .... un jeu.   Ils .... une farandole.

Il .... le malin.   Nous .... une course.   Elles .... une ronde.

● Remplace les verbes en couleur par le verbe **faire**.

Exemple : *Vous lavez la vaisselle* ➜ *Vous faites la vaisselle.*

En ce moment, maintenant...   ○ ○ ○   L'oiseau **construit** son nid. ■ Elle **prépare** un gâteau.

Tu **écris** un poème ? ■ Deux et deux **égalent** quatre.

Nous **dessinons** un portrait. ■ Elles me **disent** un compliment.

Ils **remplissent** leur valise. ■ Vous **fabriquez** un meuble ? ■ Il **paraît** vieux.

● **Dictée muette**. Écris ce qui est dessiné en utilisant chaque fois le verbe **faire**.

Infos parents

Les onze verbes les plus utilisés en français sont des verbes irréguliers. Dans ce classement, le verbe *faire* arrive en troisième position, après *avoir* et *être*. Il faut donc bien savoir l'écrire.

présent du verbe dire

> Bonjour madame !

je	dis
tu	dis
il, elle, on	dit
nous	disons
vous	dites
ils, elles	disent

Au présent, à la 2ᵉ personne du pluriel, le verbe **dire** s'écrit **t-e-s**, comme le verbe **faire** : *vous faites, vous dites.*

● Écris le verbe **dire** dans l'ordre de la conjugaison : *je, tu, il (elle, on), nous, vous, ils (elles).*

Je .... oui.   Elle .... de lire.   Vous .... une bêtise.

Tu .... ton nom.   On .... une phrase.   Ils .... d'écouter.

Il .... merci.   Nous .... au revoir.   Elles .... d'obéir.

● Complète par le verbe **dire** sans changer le sens des phrases en couleur.
Exemple : *Vous répétez.* → *Vous **dites** une nouvelle fois.*

Vous criez. ➤ Vous .... très fort.   J'explique. ➤ Je ...... comment faire.

Je chuchote. ➤ Je ...... tout bas.   Ils récitent. ➤ Ils .... un poème.

Tu racontes. ➤ Tu ...... une histoire.   Elle salue. ➤ Elle ...... bonjour.

● **Dictée muette.** Écris les phrases en couleur au pluriel. Utilise chaque fois le verbe **dire**.

Je dis la vérité.   Tu dis un mensonge.   Elle dit le contraire.

Nous ....   Vous ....   Elles ....

Je te le redis.   Tu me le redis.   Il nous le redit.

Nous ....   Vous ....   Ils ....

Infos parents

Pour bien écrire un verbe au présent, il faut toujours chercher son infinitif (voir page 33). On n'écrit pas de la même façon *il écrit* (verbe *écrire*) et *il s'écrie* (verbe *s'écrier*) ou *il lit* (verbe *lire*) et *il lie* (verbe *lier*).

présent du verbe **aller**

je	vais
tu	vas
il, elle, on	va
nous	allons
vous	allez
ils, elles	vont

Le verbe **aller** est irrégulier. Au présent, à la 3e personne du singulier, il s'écrit **v-a** : *il va.*

À la 3e personne du pluriel, le verbe **aller** se termine par **o-n-t**, comme le verbe *faire* : *ils font, ils vont.*

● Écris le verbe **aller** dans l'ordre de la conjugaison.

Je .... bien.   Elle ..... au marché.   Vous .... lentement.

Tu .... vite.   On ..... au stade.   Ils .... chez le coiffeur.

Il .... à la gare.   Nous .... à cheval.   Elles .... au cinéma.

● Remplace les verbes en couleur par le verbe **aller**.
Exemple : *La route conduit au château.* ➜ *La route va au château.*

Tu prends à droite. ■ Nous marchons très vite. ■ Mes tantes se rendent à Paris.
Ce chemin mène au village. ■ On avance à cloche-pied. ■ Je cours chercher
ma raquette. ■ Tu roules jusqu'à l'autoroute. ■ Comment vous portez-vous ?

● **Dictée muette**. Où vont-ils ? Écris chaque fois une phrase avec le verbe **aller**.
Tu peux utiliser les mots : *tennis, jouer, plage, se baigner, chien, os, enterrer, cacher, manger…*

Infos parents

Le verbe **aller** fait partie des six verbes les plus utilisés en français avec *avoir, être, faire, dire*
et *pouvoir*. Bien qu'il se termine par **-er**, on le considère comme un verbe du 3e groupe parce qu'il a
une conjugaison irrégulière.

présent du verbe pouvoir

je	peux
tu	peux
il, elle, on	peut
nous	pouvons
vous	pouvez
ils, elles	peuvent

Au présent, la 1re et la 2e personne du singulier du verbe **pouvoir** se terminent par la lettre **x** : *je peux, tu peux.*

● Écris le verbe **pouvoir** dans l'ordre de la conjugaison.

Je .... le dire. Elle .... t'aider. Vous .... entrer.

Tu .... chanter. On .... parler. Ils .... le faire.

Il .... venir. Nous .... lire. Elles .... téléphoner.

● Choisis une expression rose et une expression bleue pour écrire des phrases avec le verbe **pouvoir**.
Exemple : *le chat + grimper à l'arbre* ➜ *Le chat **peut** grimper à l'arbre.*

Le chat Les pommes Toi, tu Les nuages	pouvoir	écrire tout juste. cacher le soleil. *grimper à l'arbre.* se préparer en compote.

● Écris au singulier chaque phrase en couleur.

Nous pouvons réfléchir ➤ Je ....

Vous ne pouvez pas partir. ➤ Tu ....

Elles peuvent venir à pied. ➤ Elle ....

Infos parents

Comme le verbe **pouvoir**, les verbes **valoir** et **vouloir** se terminent pas un **x** aux deux premières personnes du présent de l'indicatif : *je veux, tu veux ; je vaux, tu vaux.*

passé composé des verbes avoir et être

J'	ai	eu un cadeau.
tu	as	eu
il	a	eu
nous	avons	eu
vous	avez	eu
ils	ont	eu

avoir

J'	ai	été sage.
tu	as	été
il	a	été
nous	avons	été
vous	avez	été
ils	ont	été

être

Le passé composé est formé de deux mots : un **auxiliaire** (*avoir* ou *être*) au présent et le **participe passé** du verbe conjugué.

Le verbe **avoir** et le verbe **être** se conjuguent tous les deux avec l'auxiliaire **avoir** : *j'ai eu, j'ai été.*

● Complète par le verbe **avoir** au passé composé.

Hier...

Nous .... froid.　　Ils .... une petite sœur.

Tu .... raison.　　Vous .... de la fièvre.

J' .... son adresse.　　Il .... une bonne note.

● Complète par le verbe **être** au passé composé.

Hier...

Il .... le meilleur.　　J' .... en avance.

Vous .... polis.　　Ils .... en retard.

Tu .... malade.　　Nous .... les premiers.

● Écris ces phrases au féminin en remplaçant **il** par **elle** et **ils** par **elles**.

Hier, il a eu peur.　　　Hier, ils ont été gentils.　　　Hier, ils ont eu chaud.

● **Dictée muette.** Qu'ont-ils eu pour leur anniversaire ? Réponds en utilisant le passé composé.

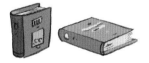

Laura _____　　David _____　　Luc et Cathy _____

passé composé des verbes chanter et finir

J'	ai	chanté.		J'	ai	fini mon travail.
tu	as	chanté		tu	as	fini
il	a	chanté		il	a	fini
nous	avons	chanté		nous	avons	fini
vous	avez	chanté		vous	avez	fini
ils	ont	chanté		ils	ont	fini

Le **passé composé** indique qu'une action est **passée**.
L'auxiliaire **avoir** est au présent. C'est lui qui change suivant les personnes
de la conjugaison : *j'ai chanté, tu as chanté, il a fini, nous avons fini…*

● Regarde bien comment s'écrit l'auxiliaire **avoir**, puis ajoute un pronom personnel qui convient.
Exemple : .... *as deviné* → ***Tu** as deviné.*

.... as deviné.   .... avons pâli.   .... a joué.

.... avez terminé.   .... a réussi.   .... ont dansé.

.... ai travaillé.   .... ont grandi.   .... as applaudi.

● Complète ces phrases par les verbes en bleu, au passé composé.

chanter → Hier, il .... toute la journée. ■ bavarder → Vous ....

.... jusqu'à minuit. ■ passer → L'été dernier, nous ....

nos vacances à la mer. ■ finir → Elles .... le puzzle ce matin.

rougir → On a vu que tu .... ■ réunir → Mes parents ....

.... leurs amis. ■ avertir → J' .... le directeur.

● **Dictée puzzle**. Écris quatre phrases possibles avec ces morceaux de phrases.

Nous	a	
On	chanté	ont
Tu	avons	fini	le refrain.
as	Elles	la soupe.

Infos parents

Le passé composé est un temps très utilisé. Tous les verbes du 1er groupe (comme *chanter*) ont
un participe passé terminé par **-é** ; ceux du 2e groupe (comme *finir*) ont un participe passé terminé par **-i**.

passé composé des verbes **prendre** et **pouvoir**

J'	ai	pris la caméra.
tu	as	pris
il	a	pris
nous	avons	pris
vous	avez	pris
ils	ont	pris

J'	ai	pu filmer.
tu	as	pu
il	a	pu
nous	avons	pu
vous	avez	pu
ils	ont	pu

Le participe passé du verbe **prendre** se termine toujours par **-is**.
Le participe passé du verbe **pouvoir** s'écrit toujours **pu**.

● **Complète avec pris**, puis ajoute un de ces mots au choix : froid, une pêche, un livre, une souris, du sucre, son parapluie, le bras, le train.
Exemple : *Claire tousse, elle a ....* → *Claire tousse, elle a **pris froid**.*

Il pleut, Papi a .... ■ Nous avons .... dans

la coupe de fruits. ■ Arthur a .... d'histoires. ■ Mon chat a

.... dans le grenier. ■ Mamie a .... de 10 heures.

● **Remplace les verbes en couleur par le verbe prendre au passé composé.**
Exemple : *On a capturé un renard* → *On **a pris** un renard.*

Hier... Nous avons mesuré la température. ■ Est-ce que tu as acheté du pain et du lait ? ■ Avez-vous emporté votre sac ?

Ils ont retiré de l'argent à la banque. ■ Maman m'a saisi la main.

On a obtenu un rendez-vous chez le dentiste. ■ Elles ont bu un café.

● **Dictée muette.** Écris trois phrases avec le passé composé pour dire ce qu'ils **ont pu** faire.
Exemple : *Le chat et le chien.* → *Le chat **a pu** échapper au chien.*

Infos parents

Le verbe **prendre** est un verbe fréquent. Il a servi à former d'autres verbes. Une fois connu son participe passé (*pris*), on sait écrire celui des verbes de la même famille : *comprendre* (*compris*), *apprendre* (*appris*), *surprendre* (*surpris*), *entreprendre* (*entrepris*), etc.

passé composé des verbes **faire** et **dire**

J'	ai	fait un geste.		J'	ai	dit bonjour.	
tu	as	fait		tu	as	dit	
il	a	fait		il	a	dit	
nous	avons	fait		nous	avons	dit	
vous	avez	fait		vous	avez	dit	
ils	ont	fait		ils	ont	dit	

Le verbe **faire** et le verbe **dire** se conjuguent avec l'auxiliaire **avoir**. Leur participe passé se termine toujours par la lettre **t** : *fait, dit.*

● Pour chaque verbe, écris toutes les personnes possibles de la conjugaison.

.... as fait ton travail.   .... avons dit « coucou ».

.... a fait un tour de manège.   .... ai dit « à bientôt ».

.... ont fait du vélo.   .... avez dit « à demain ».

● Complète avec les verbes de gauche, au passé composé.

refaire ➤ Est-ce que tu .... l'exercice d'orthographe ?

redire ➤ Ce matin, j' .... où l'on devait aller.

défaire ➤ Nous .... les valises avant de nous coucher.

interdire ➤ L'an dernier, on .... les chiens sur la plage.

● **Dictée puzzle**. Retrouve les deux phrases mélangées. N'oublie pas la majuscule au début et le point à la fin.

son nid   la pie   la vérité   les témoins   a fait   ont dit

Infos parents

Les verbes du 3e groupe ont des participes passés qui se terminent différemment : par **-is** (*prendre* ➔ *pris*), par **-u** (*pouvoir* ➔ *pu*), par **-it** (*faire* ➔ *fait*, *dire* ➔ *dit*), et aussi par **-i** (*rire* ➔ *ri*) comme les verbes du 2e groupe.

passé composé des verbes **aller** et **venir**

Je	**suis**	allé au stade.		Je	**suis**	ven**ue** à pied.
tu	**es**	allé		tu	**es**	ven**ue**
il	**est**	allé		elle	**est**	ven**ue**
nous	**sommes**	allé<u>s</u>		nous	**sommes**	ven**ues**
vous	**êtes**	allé<u>s</u>		vous	**êtes**	ven**ues**
ils	**sont**	allé<u>s</u>		elles	**sont**	ven**ues**

Le verbe **aller** et le verbe **venir** se conjuguent avec l'auxiliaire **être**. Leur participe passé s'accorde avec le sujet : on ajoute **e** au féminin (*elle est venue*) et **s** au pluriel (*ils sont allés*). On ajoute **es** au féminin pluriel (*elles sont venues*).

● Entoure le sujet du verbe, puis accorde le participe passé.

(Il) est allé.....
au stade.

Elle est allé.....
au bal masqué.

Ils sont allé.....
à l'école.

Elles sont allé.....
au cours de musique.

● Ajoute l'auxiliaire **être** qui manque, puis complète les participes passés.

Je .... all..... à la piscine.

Tu .... all..... au cinéma.

Elle .... all..... au théâtre.

Nous .... ven..... te voir.

Vous .... ven..... tôt.

Ils .... ven..... en train.

● Complète ces phrases par les verbes en couleur, au passé composé.
Ils se conjuguent comme *venir*. Pense à accorder le participe passé.

parvenir → Les grimpeurs .... au sommet. ■ **devenir** → Nicolas

.... ministre. ■ **intervenir** → L'arbitre ....

pour calmer les joueurs. ■ **revenir** → Est-ce vrai que vous .... ,

Julie ? ■ **redevenir** → Depuis les vacances, elle .... gentille.

se souvenir → Mes parents .... de leur promesse.

Infos parents

Les verbes conjugués aux temps composés avec l'auxiliaire **être** ont un participe passé qui s'accorde. Cette leçon peut être l'occasion de revoir la règle de la page 52. Une révision est une façon efficace de fixer dans la mémoire ce qu'on apprend.

futur des verbes avoir et être

J'	aurai un métier.		Je	serai pompier.
tu	auras		tu	seras
il	aura		il	sera
nous	aurons		nous	serons
vous	aurez		vous	serez
ils	auront		ils	seront

Un verbe au **futur** indique que quelque chose n'a pas encore eu lieu au moment où l'on parle, que cela se passera **plus tard**.

● Entoure les mots ou expressions qui peuvent se trouver dans une phrase au futur.

plus tard   demain   hier   le mois prochain   après

l'an passé   dimanche dernier   tout à l'heure   maintenant

dans un an   il y a trois jours   la semaine prochaine   ce soir

● Complète ces phrases par le verbe **avoir** ou le verbe **être** au futur.

avoir Vous .... le temps avant ce soir. ■ Bientôt, j' .... neuf ans et ma

sœur en .... douze. ■ Si tu regardes ce film, tu .... peur. ■ Les touristes

.... beau temps. ■ Si nous gagnons, nous .... de la chance.

être Quand je .... grand, elle .... à la retraite. ■ Si tu viens,

on .... contents. ■ Dans un mois, nous .... en vacances. ■ Si je réussis,

mes parents .... fiers de moi. ■ Si je te laisse seul, est-ce que tu .... sage ?

● Écris trois phrases en prenant un groupe de mots dans chaque cadre.

Demain	je serai	très sage.
Plus tard	j'aurai	artiste.
L'an prochain	je ne serai pas	adulte.
Dans dix ans	je n'aurai pas	pilote.

Infos parents

Au futur, les verbes **avoir** et **être** sont conjugués seuls, sans auxiliaire. On dit qu'ils sont à un temps simple, contrairement au passé composé qui est un temps *composé* d'un auxiliaire et d'un participe passé.

futur des verbes **chanter** et **finir**

Je **chanterai** dimanche.
tu **chanteras**
il **chantera**
nous **chanterons**
vous **chanterez**
ils **chanteront**

Je **finirai** mon tricot.
tu **finiras**
il **finira**
nous **finirons**
vous **finirez**
ils **finiront**

Au futur, les verbes du 1er groupe (comme *chanter*) et du 2e groupe (comme *finir*) gardent l'infinitif entier : *je **chanterai**, tu **finiras**, il **jouera**, nous **étudierons**...*

● Complète au futur en utilisant les verbes de gauche.

finir ➤ Ma sœur .... ses devoirs après le goûter.

maigrir ➤ Si tu manges moins de gâteaux, tu ....

grossir ➤ Avec les pluies, les rivières .... beaucoup.

applaudir ➤ À la fin du spectacle, nous ....

Demain...

● Complète chaque verbe avec une terminaison du futur.

j'ajout........ je lav........ je boug........ je jou........

il compt........ il repass........ il march........ il étudi........

elles calcul........ elles rang........ elles saut........ elles remerci........

● **Puzzle de conjugaison.** Choisis chaque fois deux morceaux et tu retrouveras cinq verbes conjugués au futur.

je grandi | era
ront | nous fini
elle vieilli | ra | ils obéi
rai | on jou
rons

Infos parents

La plupart des fautes au futur portent sur le **e muet** des verbes du 1er groupe, lorsqu'une voyelle est placée avant la terminaison **er** : *jouer* ➜ *je jou**e**rai*, *remercier* ➜ *il remerci**e**ra*, *payer* ➜ *il pai**e**ra*, etc.

71

futur des verbes prendre et pouvoir

Je prendrai le bus.
tu prendras
il prendra
nous prendrons
vous prendrez
ils prendront

Je pourrai t'attendre.
tu pourras
il pourra
nous pourrons
vous pourrez
ils pourront

Au futur, tous les verbes se terminent de la même façon :

je –rai, tu –ras, il –ra, nous –rons, vous –rez, ils –ront.

Le verbe **pouvoir** s'écrit avec **deux r** à toutes les personnes du futur.

● Écris le verbe **prendre** au futur et choisis chaque fois un moyen de transport dans le cadre bleu.

un bus – une voiture – le métro – le train – l'avion – le bateau

Ce soir, je .... et tu ....

Demain, elle .... et nous ....

Dans un mois, vous .... et ils ....

● Écris le verbe **pouvoir** au futur et choisis chaque fois ce que pourrait faire chaque personne.

nager – plonger – marcher – courir – partir – rester

L'été prochain, je .... et tu ....

Dimanche, elle .... et nous ....

Tout à l'heure, vous .... et ils ....

● Complète au futur en utilisant les verbes de gauche. Ils se conjuguent tous comme *prendre*.

reprendre ➤ Si tu veux, nous .... une part de tarte.

comprendre ➤ Écoute bien et tu .... ce qu'il faut faire.

apprendre ➤ Quand j'irai au collège, j' .... l'anglais.

surprendre ➤ Mes bons résultats .... mes parents.

Infos parents

Quelques verbes ont **deux r** au futur, comme **pouvoir** : *courir, voir, envoyer, mourir, acquérir (je courrai, je verrai, j'enverrai, je mourrai, j'acquerrai).* Ils seront d'autant mieux retenus que la conjugaison du verbe **pouvoir** sera bien sue.

futur des verbes **faire** et **dire**

Je	ferai un dessin.		Je	dirai un poème.
tu	feras		tu	diras
il	fera		il	dira
nous	ferons		nous	dirons
vous	ferez		vous	direz
ils	feront		ils	diront

Au futur, à toutes les personnes de la conjugaison, le verbe **faire** ne s'écrit pas avec **ai**, mais avec un **e** : *je ferai, tu feras, il fera, nous ferons, vous ferez, ils feront.* Le futur du verbe **dire** est régulier : *je dirai, tu diras, il dira…*

● Parmi ces verbes au futur, entoure le verbe **faire** et le verbe **dire**.

tu feras	il dira	vous lirez	je suivrai	tu diras	elle devra
on aura	on fera	nous serons	ils diront	tu seras	elles feront

● Remplace chaque verbe souligné par le verbe en bleu. Écris-le aussi au futur.

refaire → Vous <u>réparerez</u> le toit de la maison. ■ **défaire** → Les maçons <u>démonteront</u> l'échafaudage. ■ **interdire** → On <u>fermera</u> cette route aux camions. ■ **faire** → Le fleuriste <u>composera</u> le bouquet du mariage. **redire** → Tu lui <u>répéteras</u> ce que tu viens de me dire. ■ **contredire** → Il ne <u>critiquera</u> pas ce que vous avez décidé. ■ **prédire** → Les deux voyantes <u>inventeront</u> sans doute une nouvelle catastrophe.

● **Dictée muette.** Que feront-ils l'hiver prochain ? Réponds en utilisant le futur.

Paul _____

Clément _____

Lise et Zoé _____

futur des verbes aller et venir

J' **irai** à la piscine.
tu **iras**
il **ira**
nous **irons**
vous **irez**
ils **iront**

Je viend**rai** demain.
tu viend**ras**
il viend**ra**
nous viend**rons**
vous viend**rez**
ils viend**ront**

Les verbes **aller** et **venir** sont irréguliers. Au futur, on écrit : *j'irai, tu iras, il ira, nous irons, vous irez, ils iront ; je viendrai, tu viendras, il viendra, nous viendrons, vous viendrez, ils viendront.*

● Écris le verbe **aller** au futur et choisis chaque fois dans le cadre bleu une façon de se déplacer.

> à bicyclette – à cheval – à moto – à pied – en avion – en voiture

Un jour, j' .... et tu ....

Après-demain, elle .... et nous ....

Dans un an, vous .... et ils ....

● Écris le verbe **venir** au futur en ajoutant chaque fois un complément du cadre bleu.

> le matin – à l'aube – avec lui – ensemble – chez moi – seul

Demain, je .... et tu ....

Lundi prochain, il .... et nous ....

Dans un mois, vous .... et elles ....

● Complète au futur en utilisant les verbes de gauche. Ils se conjuguent comme *venir*.

devenir ➤ En épousant sa mère, il .... son beau-père.

prévenir ➤ Tu nous .... si tu t'en vas.

tenir ➤ Vous .... la porte quand elle entrera.

retenir ➤ Les élèves .... bien la leçon.

Infos parents

La conjugaison des verbes de base doit être apprise par cœur. La mémoire soulage l'intelligence, ce qui permet de réfléchir au sens de ce que l'on écrit et, en particulier, de bien marquer les accords.

imparfait des verbes avoir et être

J'	avais	deux ans.	J'	étais	petit.
tu	avais		tu	étais	
il	avait		il	était	
nous	avions		nous	étions	
vous	aviez		vous	étiez	
ils	avaient		ils	étaient	

Un verbe à l'**imparfait** indique que quelque chose a eu lieu dans le **passé**.
Exemple : *Avant, quand j'avais deux ans, j'étais petit.*

● Entoure les mots ou expressions qui peuvent se trouver dans une phrase à l'imparfait.

l'été dernier	après-demain	quand j'étais petit	aujourd'hui
l'année passée	en ce moment	la semaine dernière	autrefois
il y a longtemps	le mois prochain	au bon vieux temps	ce soir

● **Révision.** Complète par le verbe **être** ou le verbe **avoir** en ajoutant ton âge.

L'an passé,   **Cette année,**   L'an prochain,

j' .... ans.   j' .... ans.   j' .... ans.

j' .... petit(e).   je .... sage.   je .... grand(e).

● **Dictée muette.** Pour chaque dessin, écris deux phrases avec l'imparfait
pour dire **ce qu'ils avaient** et **où ils étaient**.

Alex _____

Sandra _____

Lucas et Maria _____

Infos parents

L'imparfait est un temps simple, qui n'a donc pas d'auxiliaire dans sa conjugaison. Comme le passé composé, c'est un temps qu'on utilise pour évoquer des souvenirs.

imparfait des verbes chanter et finir

Je chant**ais** souvent.	Je finiss**ais** à midi.
tu chant**ais**	tu finiss**ais**
il chant**ait**	il finiss**ait**
nous chant**ions**	nous finiss**ions**
vous chant**iez**	vous finiss**iez**
ils chant**aient**	ils finiss**aient**

À l'imparfait, ce qui s'est passé a duré ou s'est répété :
Quand j'étais petit, Maman me chantait une berceuse le soir.

Les verbes du 2ᵉ groupe (comme *finir*) font entendre « iss » à toutes les personnes :
je finissais, tu choisissais, il obéissait…

● Complète ces verbes à l'imparfait. Ils se conjuguent comme *chanter*.

Autrefois, souvent…

Je grimp..... aux arbres.   Papa pêch...... dans la rivière.

On jou..... aux boules.   Nos amis apport........ des fruits.

Nous visit..... des musées.   Tu te promen..... dans le bois.

● Complète par les verbes de gauche à l'imparfait. Ils se conjuguent comme *finir*.

choisir ➤ Quand j'étais petit, vous .... mes vêtements.

obéir ➤ À l'école, on .... au professeur.

jaunir ➤ À l'époque, les feuilles .... en quelques jours.

garnir ➤ Chaque année, je .... le sapin de Noël.

● **Révision.** Sur chaque ligne, entoure les verbes qui sont à l'imparfait.

■ nous parlons – il parlait – vous parliez – tu as parlé – nous parlerons – elle a parlé

■ elle réfléchissait – il réfléchira – elle a réfléchi – on réfléchissait – nous réfléchirons

■ je le salue – on le saluera – je l'ai salué – je le saluais – je le saluerai – tu le saluais

■ vous avez choisi – nous choisissons – vous choisissiez – il choisit – elles choisissaient

Infos parents

L'imparfait est utilisé pour exprimer un fait qui dure dans le passé, dont on ne connaît ni le début, ni la fin, ni la durée. En cela, il s'oppose au passé simple, mais ce dernier est difficile pour être appris dès le début.

imparfait des verbes **prendre** et **pouvoir**

Je prenais un panier.	Je pouvais grimper.
tu prenais	tu pouvais
il prenait	il pouvait
nous prenions	nous pouvions
vous preniez	vous pouviez
ils prenaient	ils pouvaient

À l'imparfait, tous les verbes se terminent de la même façon :
je –ais, tu –ais, il –ait, nous –ions, vous –iez, ils –aient.
Exemple : *j'avais, j'étais, je chantais, je finissais, je prenais, je pouvais...*

● Pour chaque verbe, écris toutes les personnes possibles de la conjugaison.

La semaine passée, ... vouliez prendre le train.

.... voulait rester. .... voulaient visiter Paris.

.... voulions partir. .... voulais prendre une photo.

● Dans chaque colonne, complète à l'imparfait par le verbe en couleur.

prendre	comprendre	apprendre	surprendre
je pren..............	tu compren.......	on appren...........	je surpren...........
il	elle	nous	tu ....
vous	ils	vous	elles ....
elles	je	il	nous ....

● **Dictée muette**. Écris ce que Papi prenait quand il était jeune et ce qu'il pouvait faire avec.
Tu peux utiliser ces mots : *patin, glace, ballon, rugby, taille-haie, vélo, course, acrobatie, glisser, sauter...*

Infos parents

L'imparfait est le temps utilisé pour les descriptions, le temps des faits qui se répètent dans le passé :
Chaque après-midi, nous prenions le thé sur la terrasse.

imparfait des verbes **faire** et **dire**

Je faisais des courses.
tu faisais
il faisait
nous faisions
vous faisiez
ils faisaient

Je disais au revoir.
tu disais
il disait
nous disions
vous disiez
ils disaient

À l'imparfait, les verbes **faire** et **dire** ont les mêmes terminaisons que les autres verbes. Le verbe **faire** se prononce « fe », mais il s'écrit **fai**.

● Complète par le verbe **faire** à l'imparfait.

Autrefois, souvent…

Je fais..... des grimaces quand tu fais...... un caprice.

Ma tante fais..... des crêpes et nous les fais..... sauter.

Vous fais..... le repas, mais les garçons fais..... la vaisselle.

● Complète ces phrases à l'imparfait en utilisant les verbes en bleu.

interdire → Quand j'étais petit, tu m' .... de courir dans la rue.
défaire → Souvent, elle .... le puzzle. ■ **prédire** → À la foire, une femme .... l'avenir. ■ **contredire** → Autrefois, les enfants ne .... pas leurs parents. ■ **refaire** → Il .... toujours son travail jusqu'à ce que tout soit parfait. ■ **satisfaire** → Nous apprenions nos leçons et nous .... nos professeurs. ■ **redire** → Les enfants .... les gros mots qu'ils avaient entendus à la récréation.

● **Révision.** Sur chaque ligne, entoure les verbes qui sont à l'imparfait.

■ on refera – on a refait – il refaisait – nous refaisons – vous refaites – tu refaisais

■ elle interdit – il interdisait – il a interdit – nous interdisions – vous interdirez

■ vous défaites – vous déferez – nous défaisions – je défaisais – elles ont défait

■ elles redisent – ils redisaient – vous avez redit – elle redit – nous redisions

imparfait des verbes aller et venir

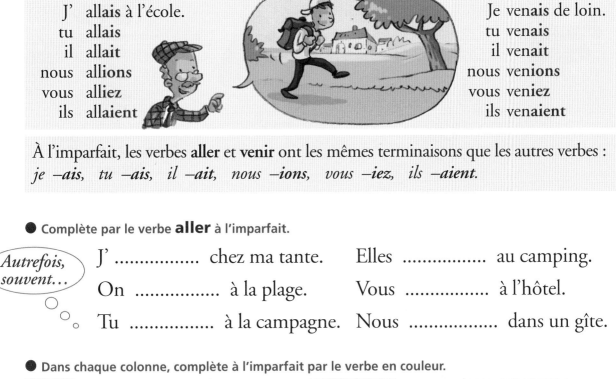

J' allais à l'école.
tu allais
il allait
nous allions
vous alliez
ils allaient

Je venais de loin.
tu venais
il venait
nous venions
vous veniez
ils venaient

À l'imparfait, les verbes **aller** et **venir** ont les mêmes terminaisons que les autres verbes : *je –ais, tu –ais, il –ait, nous –ions, vous –iez, ils –aient.*

● Complète par le verbe **aller** à l'imparfait.

Autrefois, souvent…

J' .... chez ma tante.　Elles .... au camping.

On .... à la plage.　Vous .... à l'hôtel.

Tu .... à la campagne.　Nous .... dans un gîte.

● Dans chaque colonne, complète à l'imparfait par le verbe en couleur.

venir	devenir	parvenir	se souvenir
tu ven...........	il deven...........	je parven...........	je me souv...........
elle	nous	on	tu te ....
ils	vous	il	elle se ....
elles	je	vous	ils se ....

● **Dictée puzzle**. Écris trois phrases avec ces morceaux. N'oublie pas la majuscule au début et le point à la fin.

venais　on　à la plage
tu　allaient　allait
　chez moi　au manège
elles　le dimanche

Infos parents

Quand on dit « *Je venais vous demander un conseil…* », on emploie le verbe **venir** à l'imparfait bien qu'il s'agisse d'un moment situé dans le présent. C'est une façon polie de dire qu'on a l'intention de faire quelque chose, mais qu'on ne le fera pas si cela dérange. On a utilisé un imparfait de politesse.

Bilan d'orthographe

Réponds aux questions ou écris le nom de ce qui est dessiné.

	Écris une personne de la conjugaison avant chaque verbe : .... va là-bas. .... faites la tête.		Écris **ce** ou **se** avec le nom de ce qui est dessiné :
Écris en lettres : 19 : .... 300 :		Écris le féminin : le directeur la	Complète par **bleu**, **bleue**, **bleus** ou **bleues** : une voiture .... des vélos ....
Complète par **son** ou **sont** : Il met .... pull. Ils .... contents.	Écris au pluriel : le feu rouge les	Complète par le verbe **venir** au **futur** : Ce soir, je .... chez toi.	Écris **cet** ou **cette** avec le nom de ce qui est dessiné :
Entoure le verbe qui est au passé composé : il prend il a pris il prenait		Complète par **a** ou **à** : Elle .... une valise .... roulettes.	Complète au pluriel : les genou.... des clou....
	Complète au **présent** : Les oiseau..... s'envol.......... .		Complète par **é** ou **er** : Elle veut jou..... . On va s'amus..... .
Complète à l'**imparfait** : Quand il était petit, il fin............ toujours sa soupe.		Écris le **masculin** : la caissière le	

Infos parents

Le bilan demande 32 réponses. Un résultat supérieur à 29 est excellent. De 25 à 29, c'est bien. De 20 à 24, c'est encore pas mal du tout ! Réviser les leçons correspondant aux erreurs.

Achevé d'imprimer en Espagne par Macrolibros
Dépôt légal n° 96056 - 7/02 - mai 2014

PAPIER À BASE DE FIBRES CERTIFIÉES

Hatier s'engage pour l'environnement en réduisant l'empreinte carbone de ses livres. Celle de cet exemplaire est de : 750 g éq. CO$_2$ Rendez-vous sur www.hatier-durable.fr